ビートルズ de 英文法

佐藤良明

ビートルズ de 英文法（'21）

装丁・ブックデザイン：畑中　猛

m-22

まえがき

ビートルズは理想の英語教師だ，と私は長らく思ってきました。彼らの曲を聞いて，歌って，それで英語になじんだという多数の国の人に出会っているからです。でもなぜビートルズの歌は英語学習向きなのでしょう？

それは多くのビートルズ曲が，リズムにおいても，メロディの抑揚すらも，自然な英語の発話を強調した作りになっているからだと考えます。オペラのように舞い上がるのでもなく，ヘビーメタルのようにガナるのでもない，自然な言語のノリで弾み上がる歌たち。

加えて，特に前期のビートルズは，10 代の少年少女（特に年端のいかない少女）がファンの中心層だったので，歌いかける英語が超シンプルという利点があります。私の場合，ビートルズの世界的ブレイクが起こったちょうどその春に，中学で英語の勉強を始めたので，特に思いが強いのかもしれません。レコード屋さんの棚に赤い文字で「シー・ラブズ・ユー」と刷られたシングル盤を見つけたときは，ちゃんと三人称単数の「ズ」がついていることに，訳のわからない感銘を覚えました。高校 2 年の夏に，家に入りたてのステレオで聞き込んだ *Sgt Pepper's Lonely Hearts Club Band* が自分にもたらした影響は，どの小説よりも，どの映画よりも大きなものがあります。

ビートルズ解散から今年で 50 年，私もすでに大学の職を離れ，教材を制作できるのも今年が最後になります。それならばということで，思い切って 2 周りほど若いビートルズ通の先生おふたりに声を掛け，そうして，歌が鳴り続ける英語教材づくりが始まったわけです。

大橋理枝先生と中野学而先生には放送授業で大活躍していただいただ

けでなく，本テキストでも数々のヒントや助言をいただきました。(各課のレッスン内容と記述の責任は一切佐藤にあります。)

かつて，1960 年代の学校に，ビートルズを受け入れる余地はありませんでした。騒がしい“エレキ”で新しい刺激をもたらす奇抜なヘアスタイルの 4 人を大人たちは恐れ，排除しようとした。自分たちが守ってきた世界が彼らに変えられてしまうと感じたからだとしたら，その直感は正しかったのだと思います。The Fab Four［魔法のようにすばらしい 4 人］を中心に渦を巻いて進展した出来事群は，結局世界のありようを変えてしまいました。

それまでの時代，大衆のなぐさめものと思われていたポップソング（流行歌）が，彼らを契機として一躍，おしゃれな産業と文化を駆動する力に変わりました。新奇なイメージと，身体的な刺激にあふれたものが，知らないうちに市場を覆い，消費者の心に巣食うことで経済を動かしています。マーロン・ブランドたちがスクリーンで反抗的な若者を演じた時代には「不良」と隣り合わせだった「クール」という言葉を，今では政府機関が連呼しています。

時代に寄り添うことを無前提によしとするわけではありませんが，過去 40 年，私はポップな力を肯定して前に進めることを，教育職についた自分にできる社会貢献と考え，その道を進んできた者です。ビートルズは今も新鮮です。解散して 50 年，メンバーがこの世を去っても，なお衰えを知らないビートルズ。彼らのテクストのマジックに頼って，弾む英語の授業を組み立てられないものだろうか……。

印刷された歌詞よりもむしろ，録音された，演奏つきの歌を「テクスト」に使う。歌にはリズムがあり，感情の起伏があります。現実の英語にしても同じでしょう。有頂天になったと思えば悲しみに沈み，追想に耽る，そんな音声テクストを，丸ごと受講者のみなさんに受け止めていただきたい。そして，講師のギターに合わせて，どうぞ口真似してください。喉をふるわせ，ビートにのって歌ってしまってください。

放送大学の英語科目の基礎としての位置付けを持つこの授業の名称は「ビートルズ de 英文法」です。いえ「文法」といっても，英語を理屈で固めようというわけではありません。言語の現場で，声になって出てくる英語には，「思いの文法」があります。言ってしまえば，私たちのハート自体が構造化されている。構造とは「文法」の別名です。単に単語の並び（構文）だけでなく，歌のつくりや音韻の連続に反復される構造を発見しつつ，それに乗りつつ，各課の授業を進めていきましょう。

この授業に寄せる私個人の強い思いが教材として実現するまでには，大橋理枝先生，中野学而先生の他に，数々の方々のお力添えがありました。録音が始まると変わってしまうページの英文・和文やリズム譜を，精確に追い続けていただいた編集担当の入沢より子さん。心よりお礼申し上げます。放送教材の制作が，バンド活動の経験豊かな小林敬直ディレクターの知略の下で進んだことも，そして録音編集に小田嶋洋さんの完璧なリズム感と指先の技術が得られたことも，幸甚の至りでした。何重にも恵まれた環境の中で出来てきた教材をみなさんにお届けできる幸せを，神様とビートルズ，とりわけ天国のジョンとジョージに伝えたい思いです。

2020 年 10 月

主任講師　佐藤良明

目次

photo by Getty Images

I Learning English with the Beatles

Session 1 All Together Now

——さあ，ご一緒に——

ビートルズの英語を教材に選んだからには，発声を大事にし，ちゃんと喉をふるわせながら学習を進めたい。ただ英語の発声法は，日本語とかなり大きな違いがあって，発音すること自体，なかなか苦手な人が多いようです。でも，ビートルズ・ナンバーには，その垣根をとっぱらってくれるような楽しいノリの曲もいっぱい。これならきっと一発で乗れるだろうとトップに用意したこの曲は，その名も All Together Now ——さあ，みなさんご一緒に！

ポイント

◎英語の音節と日本語のモーラ
◎ライミング（押韻）
◎ be 動詞とその縮約形
◎許可の助動詞 can
◎英語と日本語：構造比較
◎ロックとウラ拍

■歌詞の意味

いかにも即興的なこの歌に，意味を考えるようなところはありません。数を 10 まで数えられ，アルファベットを順番に言え，I love you. が通じる人は，いきなり歌の中に飛びこんでみてください。

Can I have . . .?：have という動詞は漠然と「所有」を表すが，Can I . . . と許可を求める文では「いただいていい？」ということ。文脈によって「食べていい？」などの意味になるのは日本語と同じ。

a little more：もう少し（多く）

《All Together Now》

Yellow Submarine, 1968

Sung by Paul, John, Ringo and George

One, two, three, four — can I have a little more?
Five, six, seven eight nine ten — I love you.

A, B, C, D — can I bring my friend to tea?
E, F, G H I J — I love you.

Sail the ship. Chop the tree.
Skip the rope. Look at me!

All together now, all together now . . .

bring my friend to tea：お友達をお茶に連れてくる
sail the ship：船（文字通りには「帆船」）を走らせる
chop the tree：（斧などで）木をぶった切る
skip the rope：縄跳びをする
Look at me：僕を見る（look は「視線を向ける」の意。at は「一点」を示す空間詞）

■英語の音節，日本語のモーラ

☆日本語の1音（「あ」「か」「きゃ」など）は「モーラ」と呼ばれ，「音節」とは区別される。長音（ガールの「ー」），促音（ヒットの「ッ」），撥音（ペンの「ン」）も1モーラに数える。

☆英語では girl, hit, pen すべて1音節である。I love you. は「アイラブユー」の6音（6モーラ）ではなく，［ai］［lʌv］［juː］の3音節。

Exercise 1-1　次の行はそれぞれいくつの音節からなっているか。

(1) One, two, three, four — can I have a little more?

(2) Five, six, seven eight nine ten — I love you.

＊(1) に並ぶ10の単語のうち9つは1音節。little は lit-tle と2音節に分かれるが，2つめの音節 -tle は母音を含まない。

(2) に並ぶ9の単語のうち8つは1音節で，seven だけが sev-en と2音節化するが，この歌では弱い音節 -en の母音が消えて［sevn］と1音節化している。

Exercise 1-2　各英語文の音節数を数えなさい。

(1) I love you.　　あいしてる。

(2) And It's true.　　ほんとだよ。

(3) Now you're mine.　　君はもう僕のもの。

(4) You're strong.　　君は強い。

＊口語の英語では，it is は it's に，you are は you're になるのが標準的。
　1 音節ですむのに，わざわざ 2 音節を割く必要はない。その他

I am → I'm	We are → We're
She is → She's	They are → They're
He is → He's	

＊ただし，事実を強調するときには主語と動詞を分け，動詞を強く言う。

Yes, it **is**.	そうですよ，その通り。
You **are** strong.	ほんと，あなた強いわ。
I **am** a student.	いえ，実際，学生なんです。

Exercise 1-3　冒頭の（　　）に，指示された主語と be 動詞の縮約形を書き入れなさい。

(1) I：(　　　　) a loser.　　俺は負け犬。
(2) You：(　　　　) gonna lose that girl.　　君はあの子を失うだろうよ。
(3) It：(　　　　) been a hard day.　　きつい一日だった。
（この 's は has の縮約形——Session 9 参照）
(4) He：(　　　　) a real man.　　彼は本当の男だ。
(5) She：(　　　　) leaving home.　　彼女は今，家を出てゆく。

loser：敗者（← lose：失う）
　You're gonna lose ～：あなたは～を失うだろう
It's been ～：今まで～だった
a hard day：つらい一日
a real man：本当の男
leaving home：家を去って（いく）

■音節の強弱とリズム

☆英語の音節には強弱の別があり，韻文では強弱（長短）の音節を規則的に並べて調子をとる。

ボーンボ **ボン**	**Sail** the **ship**.
ボーンボ **ボン**	**Chop** the **tree**.
ボーンボ **ボン**	**Skip** the **rope**.
強　弱　強	強　弱　強

All to-**geth**-er **now**
強　弱 強　弱　強

■オモテ拍，ウラ拍

☆拍には強弱のほか，オモテ↘とウラ↗がある。西洋の歌曲や日本の歌謡曲はオモテの拍取りが普通だが，ビートルズはロックバンドとしてウラ拍も多用する。次の "Skip the rope" のリズム取りは，その前の "Sail the ship" や "Chop the tree" と同じだが，"Look at me" では，at が強いウラ拍になって，変化をもたらし，続く me もウラから入っている。

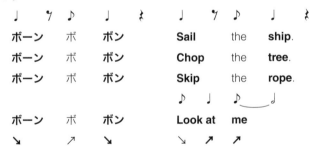

♩ 𝄾	♪	♩ 𝄽	♩ 𝄾	♪	♩ 𝄽
ボーン	ボ	**ボン**	**Sail**	the	**ship**.
ボーン	ボ	**ボン**	**Chop**	the	**tree**.
ボーン	ボ	**ボン**	**Skip**	the	**rope**.
			♪ ♩	♪‿𝅗𝅥	
ボーン	ボ	**ボン**	**Look at**	**me**	
↘	↗	↘	↘ ↗	↗	

1	2	3	4	5	6	7	8	1	2	3	4	5	6	7	8
A,		B,		C,		D,		Can I		bring my		friend to tea —— ?			
↘		↘		↘		↘		↘	↗	↘	↘	↘	↘ ↗		
E,		F,		G	H	I	**J**	—	I	love	you	—.			
↘		↘		↘	↘	↘	**↘**		↘	↘	↘				

■ライミング（押韻）

☆類音や同音の繰り返しを「韻」といい，韻を踏むことを「押韻」という。

☆特に行末を同様の音で揃えることは古くからの英詩や英語の歌の伝統となっており，これを「脚韻」という。

・One, two, three, four の後，four と韻を踏む more。

・A, B, C, D の後，D と韻を踏む tea。

・第 3 連では Chop the tree と Look at me が韻を踏んでいる。

■ヴァース，ブリッジ，コーラス

☆英語のポピュラー・ソングは，verse で始まり，chorus に引き継がれるという長い伝統を持っており，そうした基本設計にヴァリエーションをつけながら作曲される。

《All Together Now》は

One, two, three, four — Can I have a little more?（4 小節）

Five, six, seven eight nine ten — I love you.（4 小節）

の計 8 小節が 1 つの「ヴァース」。もう一つ「ヴァース」をつけた後，「コーラス」に行く前に，

Sail the ship. Chop the tree. Skip the rope. Look at me.

という 8 小節のつなぎ部分がくる。この部分をブリッジ（bridge）とい

う。この歌は，ブリッジを経て

All together now . . .

のコーラスに行くというごく普通に見られる形式の歌である。

Exercise 1-4 《All together Now》の 3 つめのヴァースについて，韻を踏んで対応している 2 語を 2 組マークしなさい。

Black, white, green, red — can I take my friend to bed?

Pink, brown, yellow orange and blue — I love you.

Verb Analysis

■命令文

☆他人への指示や掛け声などは，出来事や心情の叙述とは違い，主語のない「命令文」で行う。命令文は動詞の原形（辞書にある形）でいきなり始まる。

Sail the ship.	[ʃɪp]
Chop the tree.	[triː]
Skip the rope.	[roʊp]
Look at me.	[miː]

Exercise 1-5 音を少し代えて，別の命令文を口にしてみよう。文にするときは最後にピリオドが必要です。

(1) Sail the ship. → 鞭を郵送して mail / whip

____

(2) Skip the rope. → 教皇様をギュッとつかんで grip / Pope

____

(3) Chop the tree. → 海を止めて stop / sea

____

(4) Look at me. → その豆を料理して cook / that pea

____

■ “Can I” で許可を求める

☆can は「できる」という意味の助動詞。

＊能力についても——

Come on, you can speak English. ほらぁ，英語話せるでしょ。

＊許可の意味でも使われる。

Baby, you can drive my car. あたしの車運転していいわよ。

☆Can I ～? は，「していいですか？」と許可を求めるときに使う。

Can I have a little more?

—— Yes, just a little more. いいですよ，ほんの少しなら。

Can I bring my friend to tea?

—— Yes, you can. Anytime. はい，いつでもどうぞ。

Can I take my friend to bed?

—— No way, Honey. だめよ，あなた。

Let's Sing

ロックらしく歌う練習として，拍取りが対照的な２つの誕生日歌を取り上げます。

■拍のオモテとウラ

○まず英語圏で最もよく知られている歌,

Happy Birth-day to you. Happy Birth-day to you.

↘ ↗ ↘ ↘ ↘ ↘ ↘ ↗ ↘ ↘ ↘ ↘

Happy birthday dear every-one,　　Happy Birth-day　to you.
↘ ↗ ↘ ↘ ↘ ↘ ↗ ↘　　↘ ↗ ↘ ↘ ↘ ↘

○ビートルズによる《Birthday》
☆8ビートのノリをつかもう。(4拍子を8回刻んでいる)
☆拍に正確に合わせようとせず，フライング気味に疾走すること。
☆ウラ拍↗のところを，十分強く歌うこと。

				最後の2音の拍
	They	**say** it's your	**birth day**.	↗ ↗
		[ei]	[əː] [ei]	
(Well)	It's	**my** birth**day**	**too**, **yeah**.	↗ ↗
		[ai]	[uː] [ei]	
	They	**say** it's your	**birth day**.	↗ ↗
		[ei]	[əː] [ei]	
	We're	**gon**na **have** a **good time**.		↘ ↘
		[ɔ] [æ] [ʊ] [ai]		
	I'm	**glad** it's your **birth day**.		↗ ↗
		[æ] [əː] [ei]		
	Happy	**birth** day	**to** **you**.	↗ ↗
		[əː]	[uː] [uː]	

The Beatles (The White Album), 1968
Lead vocal: Paul and (occasionally) John

Exercise 1-6　《Birthday》の歌詞をメロディを抜いて，歌のままのリズムで，感情を込めてしゃべってみよう。首を動かしながら，強いウラ拍のところは，少々アゴでキックするような感じにするとやりやすい。

Session 2 Do You Want to Know a Secret

――歌いかける英語――

ビートルズの英語，特に初期の曲の特徴として，リスナーに歌いかける文がとても多いということが挙げられます。単純でありながら，ファンの心に刺さるような歌，それらをリズミカルに，ビートを込めて歌うことで 4 人のアイドルは世界を征服しました。彼らの英語には，コミュニケーションの極意がこもっていると考えられます。相手を誘い，心を直接動かすような表現とパフォーマンスについて学んでいきましょう。

ポイント ◎シラブル（音節）とその発音　◎主述構造（SV）
◎動詞と対象（VO）　◎ be 動詞と補語
◎〈SVX〉という構文把握

■歌詞の意味

「秘密を知りたい？」という題のこの歌，Listen（ねえ，聞いて）という誘いで始まり，Do you promise（約束してくれる？）not to tell（[人に] 言わないことを）と続きます。以下語注を――

Closer：もっと近くに（おいで）

closer は形容詞 close（近接している）（発音は［kloʊs］で濁らない）の比較級。動詞を入れるなら Come closer. となる。

《Do You Want to Know a Secret》

Please Please Me, 1963

Lead vocal: George Harrison, backed by John and Paul

Listen, do you want to know a secret?
Do you promise not to tell?　whoa, whoa
Closer, let me whisper in your ear,
Say the words you long to hear:
I'm in love with you, oo.

I've known a secret for a week or two.
Nobody knows, just we two.

Let me whisper：ささやく（whisper）ことの許可を求める言い方。

in your ear：君の耳の中に

Say the words：その言葉を言う（前行 let me からつながって「言わせて」となる）

you long to hear：君がとても聞きたがっている（the words を説明する形容句。long は「切望する」という意味の動詞）

in love with ～：～に恋している；～が好きでたまらない

Let's Sing

■8 ビートに乗る

＊ロックンロール・バンドとしてスタートしたビートルズの，特に初期の曲には，基本的に「8 ビート」の歌が多い。

☆8 ビートは 1 小節の 4 拍を，2 拍め・4 拍めを強めながら，8 分音符で刻んでいくノリを基本とする。

以下のセンテンスを，拍に合わせて発音してみよう。

ツ ツ	**タ** タ	ツ ツ	**タ** タ	ツ ツ	**タ** タ
𝄽	Do you	want to	know a	se-cret?	
	Do you	pro-mise	not to	tell?	
	Let me	whis-per	in your	ear.	
	Say the	words you	long to	hear:	

Exercise 2-1 Let's sing

ツ ツ ♪ ♪	**タ** タ ♪ ♪	ツ ツ ♪ ♪	**タ** タ ♪ ♪	ツ ツ ♪ ♪	**タ** タ ♪ ♪	ツ ツ ♪ ♪	**タ** タ ♪ ♪
Listen,	𝄽	(doo	da	do)	Do you	want to	know a
secret?	𝄽	(doo	da	do)	Do you	promise	not to
tell?	𝄽	𝄽	whoa	whoa	—	oh	—
Closer,	𝄽	(doo	da	do)	Let me	whisper	in your
ear.	𝄽	(doo	da	do)	Say the	words you	long to
hear	—	—	—	—:	𝄾 I	'm in	love with
you	—.	𝄽	oo—	oo—	—	oo.	—

■音節（syllable）

☆英語の発音は「音節」が単位。音符 1 個に音節 1 つをのせて歌う。

　＊初期ビートルズ曲には 1 音節の単語が多い。上記の 4 行で，2 音節は，se-cret, pro-mise, whis-per の 3 語だけ。

☆ 1 音節に母音は 1 つだけ。（二重母音，三重母音も 1 つに数える――sky［skai］，fire［faiə］など。）

　＊「カタカナ分け」してはいけない。pro は「プロ」の 2 音ではなく，-mise は「ミス」の 2 音ではない。

　＊secret の -cret も 1 音節。最後の子音［t］は発声されていない。

　＊secret の［siː］は日本語の「シー」と異なる。日本語のサ行は，英語訛りで表記すれば：sah, she, soo, say, so

Exercise 2-2　発音練習

（1）pre を 1 音節で発音する

「可愛い女」は「プ・リ・ティ・ウー・マン」ではなく

pret-ty **wom**-an（4 音節）［príti wúmən］

「OUJ がお送りします」は「ジ・オーユージェー・プレゼンツ」ではなく，

The **O**-**U**-**J** pre-**sents**.（6 音節）［ðə òʊ juː dʒèɪ prɪ zénts］

（2）secret と，その日本語式発音（sheek-retto）の違い

s 音と sh 音

sip［sɪp］	ship［ʃɪp］
sick［sɪk］	chic［ʃɪk］

(3) 語末の破裂音は，破裂させないときもある

secret [síːkrɪ(t)]　　top [tɔ(p)]

top ten [tɔ̀(p) tέn]

skip the rope [skɪ(p) ðə roʊ(p)]

chop the tree [tʃɔ(p) ðə triː]

■対人表現の基礎

Do you want to —— 相手の意向を聞く

この後に動詞（原形）を置くことで，相手が何をしたいか，たずねることができる。

Do you want to know a secret?　　秘密を知りたい？

Do you want to hold my hand?　　私の手を握りたい？

Do you want to say the word?　　その言葉を言いたい？

☆自分のしたいことを述べるなら

I want to cool your head.　　君の頭を冷やしたい。

I want to hold your tongue.　　君の舌をホールドしたい。

＝しゃべらせずにおきたい

Let me —— 許可を求める

Let me の後に動詞（の原形）を置くと，自分のしたいことを「させて」と，相手に求める表現になる。

Let me whisper in your ear.　　君の耳（の中）にささやかせて。

Now **let me** hold your hand.　　さあ，君の手を握らせて。

Do you promise to —— 約束を取り付ける

「僕は約束する」は I promise.

☆約束の内容は promise の後に,「to ＋動詞原形」で示す。

I promise to brush my teeth.　　歯を磨くことを約束します。

☆「〜しないと約束する」は promise not to 〜

I promise not to do it again.　　もうしないと約束します。

Do you **promise not to** tell?　　人に言わないって約束する？

■シンタクス

語句 words がどのように結ばれ合って文 sentence を構成するのか，その統語の規則を「シンタクス syntax」といいます。この教材では，英語の構文と呼ばれるものを，新しい角度から見つめ直したいと考えています。

	動詞	何／誰を	どこへ
Can I	have	a little more?	
	bring	my friend	to tea?
	take	my friend	to bed?
	go		home?

☆日本語では「〜が」「〜を」と「〜へ」「〜に」は対等レベル——どれが重要か，または中心的かという意識は働かない。

☆英語に「が」に当たる言葉はなく，主語と動詞は直接接する。

☆英語に「を」に当たる小辞はなく，動詞の後に直接，名詞をつなぐ。

☆英語では **who-does-what**（誰が一どうする一何を）に当たる情報を，まず固めてしまい，その後に「どこ」などに当たる情報を添える。

☆文の中軸（who-does-what）に付随して，情報を添える言葉を「副詞 adverb」と呼ぶ。これを N（名詞，noun）V（動詞，verb）に対し，

adv で表記する。

＊本教材では「副詞句」（2 語以上からなるフレーズ）や「副詞節」（文の構造を持ったもの）を含めて adv の記号を使う。N も「名詞句」や「名詞節」を広く表す。

私	友達	お茶	**名詞**	**N** —— **V** —— **N** **adv**
が	を	に	**助詞**	(S) (O)
＼	｜	／		I — bring — my friend
	連れ			to tea.
	て		**動詞**	
	くる			

Exercise 2-3 次の文の what と where / when を区別して，正しい位置に書き入れなさい。

（1）I saw her yesterday. 僕はきのう彼女に会ったよ。

（2）I have a pen in my hand. 僕の手の中にペンがある。

（3）We all live in a yellow submarine.
僕らはみんな黄色い潜水艦に住んでいる。

	S（Who）	**V**	**O**（what）	**adv**（where / when）
（1）	I			
（2）	I			
（3）	We all		——	

■英語と日本語の構文の違い

☆英語の文は，be 動詞文も S（主語）— V（動詞）の背骨を持つ。

S	V	（後続部）
I	’m	sorry.
		私は sorry の状態にある。＝すまなく思っている。
It	’s	a fine day.　(It’s ＝である）好天の日。

＊日本語訳は動詞を含まず，主語も必須ではない。

☆平叙文（事実や思いを普通に伝える文）は，S-V で始まる語順をとる。

S	V	
I	promise.	私は　約束する。
He	works.	彼は　仕事する。

☆英語では S-V のそれぞれに語句をのせることによって，前者が主語，後者が動詞という認識が可能になる。

＊日本語は名詞に「する」をつけてサ変動詞をつくるが，英語では名詞と動詞で形を違えない単語も数多い。

Exercise 2-4　複写（copy），試験（test），練習（practice）という語を動詞に用いて，次の内容を英語で言いなさい。

(1) あなたのノートをコピーさせて。

Let ________ ____________ your notebook.

(2) その車のパワーをテストしたい。

I want ________ ____________ the power of the car.

(3) 毎日英語の練習をすると約束しますか？

Do you promise ________ ____________ English everyday?

■動詞と後続名詞の強い結合（V − O）

☆日本語で「〜を…する」というとき，英語では動詞（V）の後に直接名詞（N）を置き，**V − N** の語順をとる。

☆V − N の関係にある N を，英語で object と呼ぶ。

☞object は，伝統的に「目的語」と呼ばれているが，「目的」というよりは，「(向かい合う）対象」，「(働きかける）事物」に相当する概念。人物も object に含む。

☆**V − O** の連結をなすとき，その動詞または動詞句を「他動詞」と呼ぶ。

V（どうする）＝	**O**（何を）
know	a secret
say	the words
chop	the tree

■動詞と場所の副詞の結合（V − adv）

☆動詞が表す動きの中には「対象」を伴わないものがある。主に自らの動きに関わる意味を持つそれらの動詞を「自動詞」と呼ぶ。自動詞には多くのケースで「副詞」(adverb，語源的には「動詞へ」）がついて，意味伝達を支える。

S（誰が）	**V**（どうする）……	**adv**（どこへ，で，に）	
She	works.		仕事をする。
	goes	to school.	学校へ行く。
	stays	home.	家にいる。
	looks	at me.	僕に視線を向ける。

☞Look at me. という文は，“look at”を 1 つの **V** と捉え，その「対象」を“me”と捉えても差し支えない。

■be 動詞と後続部（V − C）

☆be 動詞に直接つながる部分を「補語 complement」といい，C で表す。

☆C の品詞はさまざまで，名詞，形容詞，副詞句を含む。

S（誰／何）	**be**（ある）	**C**（何で，どうで，どこに）	
She	is	a woman.	彼女は女だ。
Everybody	is	happy.	みんな幸せだ。
The fish	is	everywhere.	その魚はそこら中にいる。
They	are	at work.	彼らは仕事中だ。
I	’m	in love with you.	
			僕は君に夢中だ（君と恋の中にある）

■関係節——名詞を修飾する文

☆日本語文法では名詞 N を「体言」と呼び，体言につながる形を「連体形」といって「終止形」と区別する。（現代日本語では同じ語形）

我	球を	打ちたり。	→	我の	打ちたる	球
僕は球を		打った。	→	僕が	打った	球
		（動詞終止形）			（動詞連体形）	

☆英語では，修飾する文は名詞の後ろからつなげる。動詞は活用変化しない。

S	V	O		O	- [S	V]
I	hit	the ball.	→	the ball	I	hit

☆関係節のついた名詞句全体を構成要素にとる文の例

S	V	O	
You	hit	the ball I hit.	僕が打った球を君が打った。

☆名詞を修飾する文（SV を持つ要素）を「関係節」と呼ぶ。関係節であることをはっきり示すには，接続詞 that をつけて，

the ball that I hit　　とする。

Exercise 2-5 例にならって次の文を，関係節のついた名詞句にしなさい。

〈例〉He looks at the tree. → the tree he looks at

(1) We sail the ship. → the ship ____________
私たちが走らせる船

(2) You chop the tree. → the tree ____________
君がぶった切る木

(3) I want to hold the hand. → the hand ____________________
僕が握りたい手

(4) You long to hear the words. → the words ____________________
君が切に聞きたい言葉

Session 3 Good Night / Because

――be と do の宇宙――

ビートルズの４人のうち，ドラマーのリンゴは他の３人と違ってソングライターとしての足跡に目立ったものはありませんが，彼がリードをとる曲は，ビートルズのアルバムに，いつもメルヘンの味わいやとぼけた楽しさを添えています。今回は，リンゴのソロが聞ける歌と，ジョン，ポール，ジョージの美しい３重唱が聞ける歌を選びました。

ポイント

◎英詞の歩格　◎長母音と二重母音
◎日本語にない母音　◎ be 動詞と do 動詞
◎接続詞 because　◎「節」の概念
◎文の統語と品詞　◎名詞句について

■words & phrases

Now：いま；さあ（うながす間投詞）
time to say good night：おやすみを言う時間
sleep tight：ぐっすり眠る（tight は緊密感を表す形容詞・副詞）
turn out his light：（彼＝お日様）の光を消す
Dream sweet dreams for me：僕のために甘い夢を見よ（sweet dreams は文頭の動詞 dream の対象）

《Good Night》

The Beatles, 1968

Solo vocal by Ringo Starr, written by John Lennon

Now it's time to say good night,
Good night, sleep tight.
Now the sun turns out his light,
Good night, sleep tight.
Dream sweet dreams for me,
Dream sweet dreams for you.

■韻文の foot（歩格）

☆英語では単語ごとに強勢のある音節が決まっているが，単語を連ねた文や発話のレベルでも，各音節に強弱の違いが生じる。韻文ではその強弱が規則的に交代して「韻律 meter」をなす。その強弱のワンセットを「歩格 foot」と呼ぶ。

☆代表的な foot には，次の名前がついている。

トロケイック　**強**弱・**強**弱……

Swing the **bat** and **hit** the **ball**.

アイアンビック　弱**強**・弱**強**……

I **look** at **you** and **see** your **eyes**.

ダクティル　**強**弱弱・**強**弱弱……

Pus-sy cat, **pus**-sy cat, **where** have you **been**?

Let's Sing

Exercise 3-1 流れるリズムを感じながら唱和しましょう。

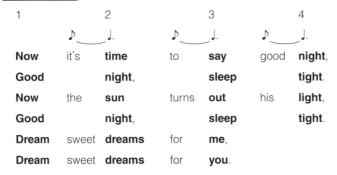

1		2		3		4
	♪	♩.	♪	♩.	♪	♩.
Now	it's	**time**	to	**say**	good	**night**,
Good		**night**,		**sleep**		**tight**.
Now	the	**sun**	turns	**out**	his	**light**,
Good		**night**,		**sleep**		**tight**.
Dream	sweet	**dreams**	for	**me**,		
Dream	sweet	**dreams**	for	**you**.		

Exercise 3-2 《Good Night》の，強く長い音節の母音を意識しながら2番を唱和しましょう。

Close	your **eyes**	and **I'll**	close **mine**,
[oʊ]	[ai]	[ai]	[ai]
Good	**night**,	**sleep**	**tight**.
[ʊ]	[ai]	[iː]	[ai]
Now	the **moon**	be -**gins**	to **shine**,
[aʊ]	[uː]	[ɪ]	[ai]
Good	**night**,	**sleep**	**tight**.
[ʊ]	[ai]	[iː]	[ai]
Dream	sweet **dreams**	for **me**,	
[iː]	[iː]	[iː]	
Dream	sweet **dreams**	for **you**.	
[iː]	[iː]	[uː]	

■words & phrases

Close your eyes.：君の目を閉じよ。

I'll close mine.：僕は僕のを閉じる。

begins to shine：輝き始める

ビートルズの「精神世界」

《Good Night》は，1968 年の暮れに出た 2 枚組のアルバム『The Beatles』（通称「ホワイト・アルバム」）の最後を飾る曲です。往年（20 世紀中頃）のディズニー・アニメなどに流れてもおかしくないような歌詞，メロディ，アレンジぶりで，作詞作曲はジョン・レノン。1966 年のアルバム『リボルバー』以降，ジョンの作風は，それまでアイドルとして恋人への求愛や嫉妬をテーマにしたものを離れて，破壊的，精神的，ときに社会的な作品が増えていきましたが，オノ・ヨーコとの関係を深める中で，シンプルな宇宙的安らぎに満ちた曲も生み出すようになります。

ベートーヴェンの《月光》を，ヨーコがいろいろに変奏するのを聞いてインスピレーションを得たという《Because》という曲は，最小限の言葉で，宇宙と人とのハーモニーを感じさせてくれます。It turns me on. を「僕のスイッチを入れる」と説明していますが，turn on という動詞は，幻覚剤によって日常（off の状態）から，電灯のように「自分がついた」状態になる，というイメージを持つ言葉です。

《Because》

Abbey Road, 1969

Vocal trio: John Lennon, Paul McCartney and George Harrison

Because the world is round, it turns me on.
Because the world is round. Ah . . .

Because the wind is high, it blows my mind.
Because the wind is high. Ah . . .

Ah, ah,
love is old, love is new.
Love is all, love is you.

Because the sky is blue, it makes me cry.
Because the sky is blue. Ah . . .

■words & phrases

because the world is round：世界が丸いから
it turns me on：僕のスイッチを入れる（僕は on の状態に入る）
the wind is high：風がハイだから（強風が続く状態を high wind という）
makes me cry：僕を泣かせる

■be 動詞と do 動詞

☆英語文は，使われる動詞によって be（ある／である系）と do（する系）とに二分される。日本語は「……丸い。」で文が終わるが，英語では be 動詞を入れ，いわば「……丸くある。」と表現する。

○である系		○する系			
S	be〈どう〉	S	do	〈～を〉	〈どう〉
The world	is round.	It	turns	me	on.
世界は丸い。		僕のスイッチを入れる。			
The wind	is high.	It	blows	my mind.	
風は強い。		僕の理性を吹き飛ばす。			
The sky	is blue.	It	makes	me	cry.
空は青い。		僕を泣かせる。			

Exercise 3-3 空欄にそれぞれの語句を入れて，Because the world is ～, it ～. というセンテンスを作り，声に出して言いなさい。最初の空欄には形容詞，次の空欄には動詞句が入ります。

(1) 世界は熱いゆえ，僕のハートを焼き焦がす。

A: hot　　B: burns my heart

Because the world is (　　　), it [　　　　　　].

(2) 白鳥が白いゆえ，僕を悲しませる。

A: white　　B: makes me sad

Because the swan is (　　　), it [　　　　　　].

(3) 太陽がまぶしくて，僕の目を見えなくする。

A: bright　　B: blinds my eyes.

Because the sun is (　　　), it [　　　　　　].

(4) 値段が安いので，もっと買おう。

A: low　　　　　B: buy more

Because the price is (　　　　), I'll [　　　　　　　　　　].

■節と接続詞

＊Exercise 3-3 の例文はすべて，

Because [文 A], [文 B]. というパターンを持っていた。

＊because という接続詞がついたことで，[文 A] は，[文 B] と合体し，一つの「複文」をなしつつ，[文 B] を説明する役回りに回った。

☆複文における単体の文を「節」(clause) と呼ぶ。「節」のうち，接続詞がついた側の節を従属節，説明を受ける側の文を「主節」または「主文」と呼ぶ。

Because	the price is low,	I'll buy more.
	文 A	文 B
接続詞	従属節	主節

Pronunciation

■world の発音

＊world の母音は「アー」でも「オー」でも「ウー」でもない。まず以下の 4 語を発音してみよう。

word [wəːd], bird [bəːd], turn [təːn], burn [bəːn]

＊アメリカ英語では一般的に [r] の音が入る。

word [wəːrd], bird [bəːrd], turn [təːrn], burn [bəːrn]

r は日本語の「ラ行」のように舌先を口蓋につけず，舌先を上向きにして，喉をふるわせる。

rah, ree, roo, ray, row

＊world の［ld］の発音

［l］は，舌を上の歯と歯茎の後ろにしっかりつけて喉を震わす。

同様の舌の位置で鼻に抜くと［n］になる。

bowl［boʊl］（ボウル） → bold［boʊld］（大胆な）

toll［toʊl］（通行料金） → told［toʊld］（言った）

＊母音を［oʊld］を［əːrld］に代えて

curled（カールした）, world（世界）

Exercise 3-4　ゆっくりと発音してみよう。

(1) Love is old, love is new.	[oʊ]—[uː]	愛は古い，新しい
(2) Love is cold, love is glue.	[oʊ]—[uː]	愛は冷たい，愛は糊
(3) Love is gold, love is blue.	[oʊ]—[uː]	愛は金色，愛は青

＊別の二重母音に変えて

(4) Love is light, love is bright.	[ai]—[ai]	愛は光，愛は明るい
(5) Love is a lie, love is a cry.	[ai]—[ai]	愛は嘘，愛は叫び
(6) Love is hate, Love is a gate.	[ei]—[ei]	愛は憎しみ，愛は門
(7) Love is a boy, love is a toy.	[ɔi]—[ɔi]	愛は少年，愛は玩具

☞母音の後に r を伴う発音は，

英国式—— r を発音せず，長母音にする，

米国式——長母音にした上で最後に r の音を加える

の別がある。ビートルズは英国出身だが，ロックンロールは米国出身。本講義は「本家本元」を重視せず，日本人の耳に親しみやすく，かつ日本語式にならない，日本人が倣うのに適した発音で行う。

Exercise 3-5 語末の［r］の発音練習をした上で，それぞれのセンテンスをゆっくり発音してみよう。

[準備練習]

tar [tɑːr], tear [tɪər], tour [tʊər], tear [tɛər], tore [tɔːr]

(1)	Love is a star, love is a door.	[ɑːr] [ɔːr]	愛は星，愛は扉。
(2)	Love is smart, love is an art.	[ɑːr] [ɑːr]	愛はスマート，愛は芸術。
(3)	Love is near, love is here.	[ɪər] [ɪər]	愛は近い，愛はここに。
(4)	Love is pure, love is cure.	[ʊər] [ʊər]	愛は純粋，愛は癒やし。
(5)	Love isn't there. That's not fair.	[ɛər] [ɛər]	愛がない，不公平だ。

Exercise 3-6 Exercise 3-4 に出てきた次の補語のうち名詞はどれか。また形容詞はどれか。

old	new	cold	glue	gold	blue
light	bright	lie	cry	hate	gate

関係が品詞を生むこと

Exercise 3-6 は，品詞というものの性格上，明確には答えが出ないものです。というのも，

“light blue” という語列では，light が形容詞で blue は名詞。

“blue light” という語列では，blue が形容詞で light は名詞。

“light blue sky” では light blue が 2 語で一つの形容詞になります。

gold は「金」ですが，名詞としての gold の特性（特に色）を表す形容詞としても使われます。light の場合は，「明るい」が原意なのか「光」が原意なのかわかりません。日本語であれば「明るい」は「い」の語尾からして形容詞，「ひかり」は動詞「ひかる」に対し名詞の語尾をしているので名詞，という判断が成り立ちますが，英語の品詞事情はそれとは異なります。

もちろん「これは名詞以外ありえない」という単語もあるでしょう。glue（糊）を形容詞として想像するのは難しい。一本のスティック糊は “a glue stick” といいますが，その glue を stick の形容詞と見なす（グルーなスティック？）人は少ないと思います。

「この語の品詞は何か？」という探求に深入りするのは生産的でありません。一つの単語それ自体の品詞を考えるのではなく，句の中の語のつながりの中で，修飾される部分（N）と修飾する部分（A）の関係を見分けることがポイントになるということです。

■名詞句

☆動詞の主語（S）や動詞の対象（O）は名詞である。

S	V	O	
名詞		名詞	
Go	is	a verb	go は動詞だ。
Cute	doesn't mean	pretty.	cute は pretty を意味しない。

○名詞の特徴

☆さまざまな説明の語と共に「名詞句」をなす。

S（N）	V	adv
Seven beautiful boys from Brazil	came	yesterday.
ブラジルからの７人の美少年	来たよ	昨日。

☆名詞句は，数える（数として認識される＝可算名詞）か，数えない（量や抽象概念として認識される＝不可算名詞）かのどちらかである。

☆数える名詞は，単複の別が明示される。

We sell books.　私たちは本を売っています。

＊「本」は a book か books（または the book, the books）で無冠詞の book を「本」の意味で文中で使うことはない。

＊「愛」は，抽象概念としては無冠詞。

Love is real.　愛はリアルだ。

「あの愛」「この愛」という発想では可算名詞になる。

a different love from ours　私たちのとは違う愛

Session 4 All My Loving

——僕から君へのメッセージ——

初期ビートルズの曲は，その多くが「僕から君へのメッセージ」になっています。うれしさ，さびしさ，不満の表明がリズムと音程とバックコーラスを伴って表情豊かに繰り広げられる——まさに対人コミュニケーションの宝庫といえます。その利点を十分に生かした学習を，シンプルな歌詞の歌で，今回も続けていきましょう。

ポイント ◎命令文と平叙文　◎指図と禁止と依頼と懇願の表現
◎意志の助動詞 will　◎「未来形」の捉え方

■歌詞に出てくるフレーズ

彼氏から彼女へのメッセージ。「目をとじてよ，キスをするから」のセリフで始まります。これからしばしの別れなのでしょうか。miss you（君がいなくてさびしい）。I'll always be true（いつも君のことだけ思ってる）という常套句が続きます。while という接続詞のついた文も練習することにしましょう。write home（家や故郷に手紙を書く）というフレーズもチェックします。send（送る）など，その後に「何々を」「誰々に」という意味要素を必要とする動詞の使い方にも慣れていきましょう。

《All My Loving》

With the Beatles, 1963

Lead vocal: Paul McCartney

Close your eyes and I'll kiss you.
Tomorrow I'll miss you.
Remember, I'll always be true.
And then while I'm away,
I'll write home every day,
And I'll send all my loving to you.

verse 2 省略

All my loving I will send to you.
All my loving, darling I'll be true.

Phrases

★**miss you**　典型的な別れの会話

I'll miss you.　（君がいなくて）さびしくなるなあ。

I'll miss you, too.　わたしもよ。

★**be true**　裏切らない，本心のまま

I'll always be true.　いつも真心で接するよ。

Be true to yourself.　自分に素直になりなさい。

★命令文＋ and ...　～してごらん，そうすれば……

Close your eyes, and I'll kiss you.　目を閉じて，キスしてあげる。

Walk straight, and you'll see it.　真っ直ぐ歩いて行けば，見えてくるでしょう。

Let's Sing

■4 ビート

＊この歌は，リズムギターが忙しくかき鳴らされているが，ベースは「イチ，ニ，サン，シ」の早足歩行のようなリズムを刻み，それに併せて，1 音節ずつ歌われる。

＊Close your eyes. の eyes に 1 拍めがくる。強く発音される音節が 1 拍めに集中していることに注目しよう。

＊ときどきボーカルが拍を食う（ベースに先んじてフライング気味に歌っている)。これができると，ロックのグルーヴが醸し出せる。

1	2	3	4	1	2	3	4
						Close	your
⇐eyes	—.	And	⇐I'll	kiss	⇐you.		To-
mor-	—	row	⇐I'll	miss	⇐you.		Re-
mem-	—	⇐ber	⇐I'll	al-	—	ways	be
true	—	—	—	—.		And	then
while	—	I'm	a-	⇐way,	—	I'll	write
home	—	e-	⇐v'ry	⇐day,	—	and	⇐I'll
send	—	all	my	lov-ing	—		to
⇐you	—	—	—	—.			

■命令文と平叙文

命令文――相手を動かす文。動詞から始める。

平叙文――事実を伝える文。主語―述語の構造をとる。

命令文　命令に限らず，依頼，要請，懇願などをするとき。主語を置かず，動詞の原形（辞書にある形）と同じ形をそのまま使う。

Close your eyes.	目を閉じて。
Remember.	思い出して／忘れないで。
Don't forget.	忘れないで。
Listen.	いいかい（聞いて）。
Be happy.	楽しい気持ちでいて。

平叙文　事実や気持ちを伝える。動詞句（助動詞を含む）が活用変化。

I'm away.	僕は留守にしている。
I'll remember it.	そのことは覚えておこう。
I will never forget it.	僕は決して忘れない。
Julia calls me.	ジュリアは僕を呼ぶ。
I'm happy.	僕は楽しい。

＊英語文には形に応じて，次のような呼び名がある。

平叙文――肯定文（I am me.）および否定文（It's not that.）

疑問文　Do you want it?（否定疑問文　Don't you want it?）

感嘆文　How funny you are!　あなたは何ておかしいんでしょう。

命令文　Do it.（否定命令文 Don't do it.）

Exercise 4-1　命令形の動詞に下線を引きなさい。

（1）Shake it up, baby. Twist and shout.

（2）Blackbird, fly.

（3）Remember me, Martha my love. Don’t forget me.
（4）Please don’t be long. Please don’t you be very long.

■Please のついた依頼文

☆英語の命令文が「命令」に使われることは実は多くない。日本語の「しろ」「しなさい」に相当する命令調子は本来ない。とはいえ，相手に働きかけるからには，その物言いは，何かしらの丁寧さを要求される。そのときに便利なのが，おなじみの please。この一語を加えることで，相手への敬意を示すことができる。また please を強く言うことで，訴える気持ちを強めることができる。

Exercise 4-2　please という言葉は「喜ばせる」という意味の他動詞にも使われる。歌の一節を聞いて，「どうか」という依頼／懇願の意味合いを持つ please に下線を引きなさい。

Come on, come on, come on, come on . . .
Please please me, woh yeah, like I please you.

＊like I please you.　僕が君を please するのと同様に
like は「～のように」の意味を持つ接続詞。

☞他人にものを頼む命令文と，世の実態を叙述する現在形・過去形の平叙文だけでは表現しきれないことがたくさんあります。「これから自分はこうするんだ」という意志や，これから君はこうなるだろうという未来の推量には，それなりの表現を使わなければなりません。以下，意志／未来の助動詞 will の使い方に慣れていきましょう。

■意志を示す助動詞 will

☆動詞の現在形は，一般に事実や習慣を表す。

I **send** a package to my mother every month.

私は毎月母に荷物を送っている。

☆自分の気持ち（意志）を表現する「送りますね」（きっと送るつもりです）は，助動詞 will をつけて，このように言う。

I **will send** you the money tomorrow.

明日，そのお金をあなたに送ります。

☆can, will, should（～すべき），may（～かもしれない）などの助動詞は，動詞の前について，事実そのものではなく，話者の意志，判断，期待などを加味した情報を伝える。

☆I will は自分の意志を伝える言い方。多くの場合，I'll に簡略化する。

S	**V**	**O**			
		〈who〉	〈what〉	〈where〉	〈when〉
I	'll kiss	you			
I	'll write			home	everyday
I	'll send		all my loving	to you	

☆対象を強調して前に出す倒置形の文

O	**S**	**V**	**〈where〉**
All my loving	I	will send	to you

■接続詞 while

☆while は「～の間」。継続期間を示す接続詞。

従属節	主文			
〈while〉	**S**	**V**	**〈where〉**	**〈when〉**
While I'm away,	I'll	write	home	everyday.
離れている間		手紙を書く	故郷に	毎日。

Exercise 4-3　（　　）の中に主語と be 動詞を入れて，英語で言いなさい。

（1）あなたの留守に電話が鳴りましたよ。

The phone rang while（　　　）（　　　）out.

（2）僕のいない間に彼女が来たら，お願い，教えて。

If she turns up while（　　　）gone, please let me know.

■助動詞 will の広い用法

☆will は，名詞として「意志」を意味するが，助動詞としての will は，意志の表現だけでなく，今後のことを表現するときに広く用いられる。

Tomorrow I'll miss you.

明日になると，君が恋しく（＝いなくてさびしく）なるだろう。

It will rain tomorrow.　明日は雨だろう。

☆will は他の助動詞同様，主語が三人称単数（he や she や it）でも wills とはならない。

＊もちろん will が一般動詞として使われるときは wills, willed のように直説法の活用をする。

He willed it to happen.　彼は念力でそれを起こした。

☆will の後には「動詞の原形」がくる。これはすべての助動詞について言える。

will を使う心理

英語の平叙文は現在形であれ，過去形であれ，事実を言うのに適した形をしています。何を言うにも SV で始めるので，V の現在形や過去形で言い切ったとき，「いま言っていることは事実だ」という暗黙のメッセージが付け加わりがちなのです。

その断定感を調節するのが，will や can（や，これから学ぶ may や should）などの助動詞であると考えることができます。

現在や過去のことは事実として断定できますが，これから先のことは，誰かの推測・期待・希望の中にしかないので，will や can や may や should を使って，それが主観的な判断であることを明確にしておかないとうまくないのです。日本語では，「明日は晴れますよ」などと気楽に言えますが，英語では，

×　It is fine tomorrow.　とは言わず，

　　It will be fine tomorrow.　と言う。

is（be 動詞の直説法現在形）が，それが真実であることを主張してしまうのを，助動詞 will を使ってブロックする必要があるということです。

ところで，この主語の it は，何も指していません。センテンスをなすには，SVX の構文にする必要があるので，とにかく置かれている「形式主語」です。

Exercise 4-4 次の歌詞の意味を取りなさい。

Oh please say to me
You'll let me be your man.
And please say to me
You'll let me hold your hand.
Now let me hold your hand,
I wanna hold your hand.

■依頼表現としての Will you . . . ?

相手の意志を伺うことで，依頼が成立する。

Will you let me hold your hand? 僕に手を握らせてくれる？
Will you marry me? 私と結婚してくれますか？

■will not = won't［woʊnt］

I won't eat it.（食べる気はない） cf. I want to eat it.（食べたい）
You **won't** see me. 君は僕に会ってくれない。

☆Won't you? は Will you? と同義で，軽い依頼によく使われる。

Won't you please help me? お願いだ，助けてくれないか？

Let's Sing

《All My Loving》の verse 2

I'll pretend that I'm kissing
The lips I am missing,
And hope that my dreams will come true.
And then while I'm away,
I'll write home everyday
And I'll send all my loving to you.

All my loving I will send to you,
All my loving, darling I'll be true.

■words & phrases

pretend：ふりをする（どんな行為のふりをするかを後続の that 節で）

the lips I am missing：ここになくてさびしい（君の）唇（前行の kissing と VO の関係をなす。）

hope ＋ that 節：〜が〜することを望む

Session 5 Hello, Goodbye

——Yes と No の行き別れ——

とかくこの世は対立二派に分かれるもの。言語の世界，意識の世界も，こちらかあちらか，Yes か No かで進んでいきます。コンピュータの演算世界も同様で，ゼロかイチか決まることでワンビットの情報になる。でもこの Yes と No，日本語の「はい／いいえ」とは異なることをご存じでしたか。日本語になかなかなじまない，絶対肯定・絶対否定の感覚を，英文法の学習により，磨いていきたいと思います。

ポイント
◎ SVO 構文
◎ Yes と No の意味
◎疑問文と否定文
◎ 5W1H のついた名詞節
◎強調の助動詞 do

■歌詞の意味

今回はあらかじめ語句の説明をしません。ナンセンスに見えて，ちょっと物悲しくもあり，考えていくと哲学的な意味もありそうな，でも結局楽しいポールの，基本単語の続く世界をエンジョイしていきましょう。

《Hello, Goodbye》

Billboard #1 single, 1967

Lead Vocal: Paul McCartney

You say yes, I say no.
You say stop, I say go, go, go.
Oh, no.
You say goodbye and I say hello.
Hello, hello.
I don't know why you say goodbye, I say hello.
Hello, hello.
I don't know why you say goodbye, I say hello.

I say high, you say low.
You say why, I say I don't know.
Oh, no.
You say goodbye and I say hello.
Hello, hello.
I don't know why you say goodbye, I say hello.
Hello, hello.
I don't know why you say goodbye, I say hello.

Let's Sing

■ウラの拍取り

1	2	3	4	5	6	7	8
You say	yes.			I say	no.		
You say	stop,		(and)	I say	go,	go,	go.
↘ ↗	↗			↘ ↗	↗	↗	↗

☆上記の表示で強い上向きの矢印↗はウラ拍のビートを示す。4 拍子の手拍子と半拍ずらして（早めて）発声する。

＊goodbye の -bye や，hello の -lo のように，2 音節で，後ろに強いアクセントのくる語は，日常の会話でもウラの感覚で言うとよい。

Exercise 5-1　最後の音節をオモテとウラの両方で言ってみましょう。

Start me up.	Start me up.
She loves you.	She loves you.
Help me out.	Help me out.
↘ ↘ ↘	↘ ↗

Syntax

■英語の根幹：SVO 構文

☆英語は動詞を中心に据えた構文をつくる。これはすべての英語文について成り立つ大原則。

主語（S）→	動詞（V）→	対象（O）
（誰が）	（何する）	（何を）
You	say	yes.
I	say	no.
She	says	she loves you.
I	don't know	why you say goodbye.
	知らない	［なぜ君がグッバイを言うか］

what, who, where, when, why, how ——「疑問詞」または俗に「5W1H」と呼ばれる——で始まる〈名詞節〉を V-O の構文に入れる練習をしてみましょう。

Exercise 5-2　音声を聞いて空欄に 5W1H のいずれかを書き入れなさい。

（1）Get back to（　　　　）you once belonged.

once belonged：かつて属した

（2）Open up your eyes now, tell me（　　　　）you see.
It is no surprise now,（　　　　）you see is me.
Tell me（　　　　）you see.

no surprise：ビックリさせられないこと，あたり前

＊一部の動詞は，その対象として「誰に」と「何を」の両者を必要とする。

V	**〈who〉**	**〈what〉**	
Tell	me	what you see.	何が見えるか言って。
Show	me	what you saw.	何を見たか見せて。

■I don’t know（who, what, where, when, why, how）

（誰，何，どこ，いつ，なぜ，どのように）か知らない

＊I don’t know の対象が，「疑問詞」つきの節や句になることが多い。

I don’t know **why you say goodbye**.

I don’t know **why nobody told you**.

わからない：どうして，誰も君に言わなかったのか。

I don’t know **how someone controlled you**.

わからない：どうやって，誰かが君をコントロールした（操った）のか。

＊told は tell の，controlled は control の過去形。

I’m so tired, I don’t know **what to do**.

あんまり疲れていて，何をすべきかわからない。

＊疑問詞の後に「文」をつける（「節」にする）必要は必ずしもない。
主語が明白な場合は「to 不定詞」だけで十分。

S	V	O	
I	don’t know	what to say.	何と言ったらいいか
		where to go.	どこへ行くべきか
		how to cook it.	どうやって調理するのか

Exercise 5-3　Do you know の後につけて，質問してみましょう。

(1) 彼がどこへ行ったのか　　where he went

＊went は go の過去形。

(2) いつ演奏を始めるのか　　when they start playing

(3) どうやってここまで来たのか　　how we got here

(4) なぜ彼が疲れているのか　　why he’s tired

Exercise 5-4　与えられた意味の英語文になるよう，（　　）の中に how much（どのくらい）か how many（いくつ）を入れなさい。

(1) You'll never know (　　　　　　) I really love you.
僕がどのくらい君のことを愛しているか，君には永遠にわからないだろう。

(2) Tell me (　　　　　　) you paid for it.
それにいくら払ったのか言って。

(3) I don't remember (　　　　　　) I ate.
いくつ食べたのか覚えていない。

■Yes と No

☆Yes は「はい」ではない。No は「いいえ」ではない。

《英語で答えるとき》

Did you do it? と聞かれて……	していたら→	Yes, I did.
	していなかったら→	No, I didn't.
Didn't you do it? と聞かれて……	していたら→	**Yes**, I did.
	していなかったら→	**No**, I didn't.

《日本語で答えるとき》

しましたか？ と聞かれて……	していたら→	はい，しました。
	していなかったら→	いいえ，していません。
しませんでしたか？ と聞かれて……	していたら→	**いいえ**，しました。
	していなかったら→	**はい**，していません。

☆英語の Yes / No は，絶対肯定・絶対否定
　＊とにかく「する」なら Yes,「しない」なら No。相手の言うことに左右されない。
☆日本語の「はい／いいえ」は対人肯定・対人否定。相手を基準にして，同意や訂正を示す。

事実志向の英語，対人志向の日本語

Yes が絶対肯定，No が絶対否定であるということは，返答のしかたにとどまる話ではありません。Yes, I do. や No, I don't. というときの動詞句にこもるキッパリとした肯定感，否定感を受け止めることが必要になります。

英語の直説法の文は，ひとたび，肯定形または否定形の動詞部を言い終えてしまうと，それで一つの主張がなされてしまうという面があります。発言の事実性に対し，より強い責任がかかってくると言えるでしょう。

事実を伝える責任が，日本語を使えば軽くなるという話ではありませんが，日本語話者は，話をしながら，相手に対して失礼にならないように気を配るあまり，事実への誠意という点において，脇が甘くなりがちな点もあるのかもしれません。(*ys*)

■真実にこだわる do

can が「できる」「ありうる」という可能性を示す助動詞だとすると，do は「現実に～する」「事実として～している」というニュアンスを添える助動詞です。do の過去形 did で練習してみましょう。

—— **Did** you give me a call?	電話くれた？
—— Yes, I **did**.	うん，したよ。
—— Oh, **did** you? My phone **didn't** ring.	そう？　電話鳴らなかったけど。
—— But I **did**. I **did** ring it.	でも鳴らしたんだよ。本当だよ。

☞メインの動詞は give や ring なのに，did が大活躍。それはこの会話が，事実かどうかにこだわったものであるからです。事実性を確認したり強調したりするのが助動詞 do / did の働き。そこに注目しながら，ビートルズのデビュー曲を聴いてみましょう。

《Love Me Do》

The Beatles' first UK single, 1962
sung in harmony by John and Paul

Love, love me do.
You know I love you.
I'll always be true.
So please
Love me do. . . .

■強調文，疑問文，否定文

☆英語を話すとき，動詞を強調すると，「本当だ」「これは事実だ」という意味合いを強めることができるが，そのやり方は，be 動詞（や助動詞）と，do 動詞（be 動詞以外の動詞）で異なる。

☆疑問文は，白黒をはっきりさせるのが目的なので，do 動詞では文頭に強調の助動詞 do がつく。

You promise? Do you?　　約束する？　ほんとに？

Yes, I do. I **do** promise.　　約束するよ。ほんとだって。

☆「否定文」も，not をつけただけの古い言い方は廃れて，強調の助動詞 do の否定形を使うようになった。

I know not.　→　I **don't** know.

☆基本的に「～がある」「～である」の意味を持つ be 動詞の文を，「～する」を含意する do で強めることはない。強めるときは，be 動詞自体を強く言う。

Wake up, Susie.　　起きなさい，スージー。

I **am** up, Mom.　　起きてるわよ，お母さん。

☆be 動詞文を，尻上がりのイントネーションで言えば，質問していることが伝わるが，そうであるのかどうか，事実をただしたい場合は，be 動詞を主語の前に持ってきて強調した上で，尻上がりのイントネーションにする。

You are . . . OK?　　大丈夫，ですよね？

Are you OK?　　大丈夫ですか？

Exercise 5-5 例にならって，それぞれの文を疑問文に書き換えなさい。

〈例〉I am the Walrus. → Am I the Walrus?

I feel fine. → Do I feel fine?

(1) Baby, you're a rich man. → ____________________

(2) I need you. → ____________________

(3) Happiness is a warm gun. → ____________________

(4) She loves you. → ____________________

＊助動詞 do は三人称単数現在で does に変化する。

(5) She's a woman. → ____________________

Exercise 5-6 例にならって，それぞれの文を否定文に書き換えなさい。

〈例〉I am the Walrus. → I'm not the Walrus.

And I love her. → And I don't love her.

(1) I want to spoil the party. → ____________________

（パーティを壊したくない）

(2) I wanna be your man. → ____________________

（あんたの男になりたくない）

(3) I'm a loser. → ____________________

（僕は敗北者ではない）

(4) I'll follow the sun. → ____________________

（僕は太陽を追わないよ）

(5) You'll see me. → ____________________

（君は僕に会うまい／会う気がない）

随想　私の「ビートルズ体験」

大橋理枝

ここに，1987年1月3日という日付の入った写真がある。写っているのはリヴァプールのセントジョージホールの前の広場の一角らしい建物の陰で，立ったまま黄色い包装紙を広げている私である。何を包んでいる包装紙なのかは写真からはわからないが，中身はイギリス人のソウルフードと言われるフィッシュ・アンド・チップスである。

この時の年末年始は父が仕事でワシントンとロンドンに行くことになっており，私もついて行っていた。日本では年明け最初の三日間は休みが「当たり前」だが，西洋では1月2日からは平日であり，普通に仕事をするのが「当たり前」である。それでもこの日は，さしてビートルズに関心もなかった父が，当時の私のビートルズ熱に負けて当初の予定を変更し，一日リヴァプールに付き合ってくれることになったのだった。

そこで私はそれまでに得たビートルズに関する知識を総動員して，一日で行けるすべてのビートルズ関連観光地を回ろうとした。当日の写真を見ると，ジョンやポールが住んでいた家や通っていた学校，ビートルズの歌に出てくるストロベリーフィールズやペニーレイン，ビートルズがバンドとして最初に活動していたキャバーンクラブの跡地，そしてビートルズ博物館の外観などが写っている。雨模様の写真と青空の写真とがあるので，どうもイギリスに典型的な「一日のうちですべての天候に遭遇する」のに近い一日だったようだ。どこをどの順序で回ったかは覚えていないが，着いたときには雨だったリヴァプールが，出るときには晴れていたのだったと思う。

フィッシュ・アンド・チップスを食べている写真の空は青い。つまり，どうしてもフィッシュ・アンド・チップスを食べずにリヴァプールを去ることはできないと思った私は，この日最後にやるべきこととして，広場の近くにたまたま居たフィッシュ・アンド・チップスのスタンドで，この食べ物を買ったのだった。

私のビートルズとの最初の出会いは小学校３年生の頃だった。ある日，母が英会話の先生に勧められたといって「ビートルズ・オールディーズ」というカセットテープを買ってきた。以来ときどき我が家のラジカセからビートルズが流れるようになり，私が最初にビートルズを聞いたのはこのテープに入っていた曲だった。１曲目が「シー・ラヴズ・ユー」なので，たぶん私が聞いた最初のビートルズの音は，リンゴのドラムの音だったはずだ。

その後，中学校に入ると，部活の１学年上にビートルズが大好きなＭ先輩がいた。たまたま私がビートルズを知っていたというだけで仲良くなり，ビートルズ談義で盛り上がり過ぎてその日のクラブの活動時間中は全く練習をしないまま終わってしまったことなどもあった。Ｍ先輩にいろいろと教わり始めたことをきっかけに，私はこの頃から単に「ときどきビートルズを聞く」だけでなく，もっと積極的にビートルズに関するさまざまな情報を集めるようになっていった。４人の生い立ちや出会いの経緯を知り，それぞれの性格や曲の傾向をつかみ，さまざまな歌詞の意味を学び，自分なりに歌詞を解釈してＭ先輩と議論したりするのが，とにか

く楽しくてたまらなかった。

イギリスの一地方都市だったリヴァプールから世界に進出していった彼らの軌跡をたどる中で，何度も出てきたのが「フィッシュ・アンド・チップス」という私の知らない食べ物だった。だから私はどうしてもリヴァプールでフィッシュ・アンド・チップスが食べたかったのだ。ここでこれを食べなければ，私の「ビートルズ参り」は完結しない，と思っていた。

フィッシュ・アンド・チップスの「フィッシュ」というのは白身の魚を揚げたもの，「チップス」はポテトフライのことである。アメリカ英語では chips というとポテトチップスを指すが，イギリス英語では chips というのはフライドポテトを指し，ポテトチップスのことは crisps という。イギリスでいうところの chips，つまりフライドポテトのことは，アメリカでは French fries という。

このようなアメリカ英語とイギリス英語の語彙の違いはたびたび話題になるし，chips に関してはご存じの方も多いと思う。ビートルズの歌詞でイギリス英語にしかない語彙が出てくるものは決して多くないが，「ペニーレイン」の中に mac という言葉が出てくる。アメリカ英語で Mac と言ったらまず間違いなく Macintosh computer のことだと思われるだろうが，イギリスではレインコートを指す語であり，だから「銀行員は大雨の中でも mac を着ない。ヘンなの。」という歌詞になる。

イギリス英語とアメリカ英語の違いではないが，ジョージが書いた「サヴォイ・トラッフル」という曲は，当時イギリスのマッキントッシュ社（上記の Mac/mac とは関係ない）が出していたチョコレートの詰め合わせを題材にしているという。このことを知っていれば，私は絶対にリヴァプールでこのチョコレートの詰め合わせを買おうとしたはずだが，残念ながら当時はここまでは知らなかった。

それにしても，ビートルズは何でも歌にしてしまっていたのだなあと，改めて感心する。ビートルズの歌詞の中に哲学的要素が含まれているという指摘は多いし，西洋では社会問題を取り上げた歌は決して珍しくない。が，ビートルズの曲には「恋愛」でも「哲学」でも「社会」でもない，「その他」の曲が実に多くあることに，詩人としての彼らの姿を見る思いがする。私自身，一番好きな曲を聞かれると「ペイパーバック・ライター」と答えていた時期があった。恋心を歌うでもなく，哲学を述べるでもなく，社会問題を取り上げるでもなく，小説家になりたい男の話が単純に歌になっている曲など，他のアーチストでは聞いたことがない。そこがいい，と思っていた。

フィッシュ・アンド・チップスはファストフードであり，基本的にはテイクアウトで食べるものらしい。そのことを私は情報として知ってはいたが，実際にフィッシュ・アンド・チップスのスタンドを見つけてそれを買い，包装紙に包んで手渡されてみて，初めてそれを食べる場所がないことに気づいたのだった。近くにベンチも見当たらず，座れるようなところもなかったので，やむを得ず立ったまま食べているところを父が撮ったのが，冒頭の写真だった。残念ながら，この時のフィッシュ・アンド・チップスは特段おいしかったという記憶はない。それでも私はリヴァプールでフィッシュ・アンド・チップスを食べたということで大満足していた。

この立って食べたフィッシュ・アンド・チップスは，リアルタイムでビートルズを「経験」できなかった私にとって，ビートルズについて集めたさまざまな「情報」とは違い，リヴァプールという「現実」と結びついた，私の「ビートルズ体験」だったのである。

写真提供　ユニフォトプレス

II Paul's Mind, John's Heart

Session 6 Ob-La-Di, Ob-La-Da

——物語にもノリがある——

英語の文はSVOのつながりを主軸として，それにたくさんの副詞（副える言葉）がついてできています。「いつ」「どこで」「どのように」「なぜ」などの情報を文中にどのように込めたいか，ビートルズの歌詞から学んでいきましょう。

ポイント
◎三人称単数現在形
◎名詞に掛かる現在分詞
◎ when で始まる副詞節
◎空間詞のついた副詞句
◎時の副詞句

■words & phrases

barrow［bǽroʊ］：（物売りが路上で使う）手押し二輪車［英国用法］
marketplace：市場の立つ広場
as：～しながら（同時的・順接的なつながりを示す接続詞）
takes him by the hand：彼の手を取る，手を取って連れていく
Life goes on.：生活（人生）は続いていく。
How their life goes on.：彼らの暮らしはかくも続く。
　＊節の形をしているが，一種の感嘆文。

《Ob-La-Di, Ob-La-Da》

The Beatles, 1968

Lead Vocal: Paul McCartney

Desmond has a barrow in the marketplace,
Molly is the singer in a band.
Desmond says to Molly, girl, I like your face,
And Molly says this as she takes him by the hand:

Ob-La-Di, Ob-La-Da, life goes on, Bra,
La-la how their life goes on.
Ob-La-Di, Ob-La-Da, life goes on, Bra,
La-la how their life goes on.

Let's Sing

■日本語にない発音

・[l] の音は，舌先をしっかり口蓋／上歯の裏につけたまま発声。

　Ob-La-Di, Ob-La-Da, life

・同様に [n] の音も舌をしっかりと口蓋につけて鼻から声を出す。

　on, goes on

・[r] の音は，舌先を口蓋につけてはならない。[brɑː] を 1 音で発音してみよう。

・life の f の音は「フ」ではなく，［f］――下唇を上の歯に軽く当てて発する無声音。
・their の th の音は「ズ」ではなく，［ð］――舌先を上の歯と下の歯で軽く噛んで発する有声音。

Exercise 6-1　まず，コーラスを歌いましょう。
＊Bra の音を元気よく，ウラ拍で。

1	2	3	4	5	6	7	8
↘	↗	↘	**↗**		↗	↘	**↗**
𝄾	Ob-	La-	**Di**	-	Ob	La-	**Da**
-	life	goes	**on**	-	-	-	**Bra!**
-	-		**La**	-	la	how their	
Life	**goes**	-	**on**	-	-.	𝄽	

■強弱の韻律
☆この歌のヴァースは，［強弱強弱］の韻律を基本にしている。
Des-mond **has** a **bar**- row **in** the **mar** -ket -**place**

☆歌唱に際しては，最後の 2 音節が，ウラ拍で強調される。
1 拍め（Molly, Desmond）がしばしば拍より早くスタートする。

1	2	3	4	5	6	7	8
Des-mond	has a	bar-row	in the	mar-	ket	place,	Mol-
↘	↘	↘	↘	↘	↗	↗	↗
- ly	is the	sing-er	in a	band.			Des-
	↘	↘	↘	↘			↗
-mond	says to	Mol-ly,	girl, I	like	your	face, and	Mol-ly
	↘	↘	↘	↘	↗	↗	
says this	as she	takes him	by the hand.				
↘	↘	↘	↘	↘			

Exercise 6-2

(1) “marketplace” を歌のリズム通りに発音してみよう。

(2) “I like your face” を歌のリズム通りに発音してみよう。

(3) ヴァースの1番全体を，歌のリズム通りに発音してみよう。

■三人称の物語

☆物語は過去時制で語られることが多いが，《Ob-La-Di, Ob-La-Da》は現在時制。

☆現在時制では，三人称単数の動詞の形が変化する。

三人称・単数・現在	三人称・複数・現在
Desmond **has** a barrow.	Desmond and Molly **have** a barrow.
Molly **says** [sez] this.	They **say** this.
She **takes** him by the hand.	They **take** him by the hand.

Syntax

■〈where〉の情報

☆一般に「前置詞」と呼ばれる in, on, at などは，日本語の「に」や「で」のような助詞機能を持つ一方で，空間的なイメージが明確である。本教材では，それらの語を「空間詞」とも呼ぶ。

☆いろいろな空間詞：

up, down, in, out, from, to, for, under, over, by, with

☆空間詞は単独で補語にもなる。

What's up?	どうだい？（くだけた挨拶）
I'm down.	すっかりやられた。

☆空間詞は単独で副詞の役割も果たす。

Move over.	どいて。
Did you put it in?	入れた？

☆空間詞は動詞と一体化して一つの「句動詞」をつくる。

Pick up the garbage.	ゴミを拾いなさい。

☆空間詞のついた句は，名詞の後から名詞を修飾でき，

a boy from Thailand	タイから来た少年

☆be 動詞の補語になり，

Where are you?	どこにいるの？
We're in the marketplace.	市場のところだよ。

☆また，SVO の後について副詞句をつくる。

S	**V**	**O**	**〈where〉**
Desmond	has	a barrow	in the marketplace.

Exercise 6-3　英語で言ってみよう。

(1) モリーはバンドの歌手だ。

Molly is the (　　　　　) (　　　) a band.

(2) モリーは（普段）バンドで歌っている。

Molly (　　　　　) (　　　) a band.

→日本語は動詞・形容詞にかかる場合（連用）と，名詞にかかる場合（連体）とで，語形を変化させる。

連用	連体
そのバンド**で**歌う	そのバンド**の**歌手
	×　そのバンドで歌手
青森**から**来た	青森**からの**男
	×　青森から男

英語にはその違いがない。「連用」と「連体」を差異化しない。

to sing in the band　—　a singer in the band

came from Aomori　—　a man from Aomori

空間詞で始まる句：前置詞句

■「誰に言う」「どこをつかむ」

☆to や by は，広く文法的機能を果たす助詞のような存在だが，これらの単語も空間詞としてイメージすることができる。

☆空間詞 to は基本的に「→」のイメージを持つ。

発言が誰に「向けて」のものであるかを，「say to（→）誰々」で示す。

Desmond says **to** Molly, "Girl, I like your face."

☆by は空間詞として「すぐそこ」という近接感を示し，機能語に転じて「手立て」や「拠り所」を示す。

go by bus（バスで行く）

take him by the hand（彼を，手によって，とらえる＝彼の手を取る）

Exercise 6-4　（　　）の中に適切な前置詞を入れなさい。

(1) Penny Lane is（　　　）my ears and（　　　）my eyes.

ペニーレインは僕の耳と目の中にある。

(2) I'm（　　　）love with her, and I feel fine.

僕は彼女に恋していて，ああ気持ちいい。

(3)（　　　）love（　　　）me（　　　）you

僕から君への愛をこめて

(4)（　　　）the sea,（　　　）an octopus's garden（　　　）the shade

海の下，暗がりの中にあるタコの庭園の中に

---

verse 2

Desmond takes a trolley to the jeweller's store,
Buys a twenty-carat golden ring,
Takes it back to Molly waiting at the door,
And as he gives it to her, she begins to sing:

■《Ob-La-Di, Ob-La-Da》の第 2 ヴァースの構文分析

	S	V	何を	どこへ
(1)	Desmond	takes	a trolley	to the jeweller's store,
			カートを宝石店へ運んでいく	
(2)		buys	a（twenty-carat）golden ring,	
			20 カラットの黄金の指輪を買う	
(3)		takes	it	back to Molly
				waiting at the door
		それを持って（戸口で待っている）モリーのところへ戻る		
(4)	And as			
	he	gives	it	to her
			それをモリーに与えると	
	she	begins	to sing:	
			モリーは歌い始めるよ	

■修飾の関係 A-N

☆冠詞（a, the）と名詞の間に形容詞（A）を複数挿入することができる。

☆名詞にかかる説明の語句を，語・句・節を問わず，まとめて A で表す。

A	A	N	
a twenty-carat	golden	ring	20 カラットの黄金のリング
a slender	fifteen-year-old	girl	細身の 15 歳の少女

☆動詞に -ing をつけ「現在分詞」にすると，名詞にかかる句（A）になる。

N	A	
Molly	waiting at the door	戸口で待っているモリー

☆N と A の間に be 動詞を差し挟むと，センテンスが成立する。

Molly is waiting at the door.　　モリーは戸口で待っている。

Exercise 6-5　次の文を［NA］の形をした名詞句にしなさい。

(1) Molly sings in the band.

→そのバンドで歌っているモリー

____

(2) Desmond buys a twenty-carat golden ring.

→ 20K の金の指輪を買うデズモンド

____

(3) Another woman watches Molly as she wears the ring.

その指輪をつけるモリーを，別の女が見つめる。

→その指輪をつけるモリーを見つめている別の女

____

Exercise 6-6　ポールのリズム取りにならって歌いなさい。太字の単語で，フライングのように早くスタートしています。

ン　タ	ン　タ	ン　タ	ン　タ	ンタッ　ター
Des-mond	takes a	trol- ley	to　the	jewel**ler's store**,
Buys　a	twen-ty	car- at	gold- en	ring,
Takes　it	back to	Mol-ly	wait-ing	at **the**　**door**,
and as he				
Gives　it	to her	she　be-	**gins**　to	**sing**.

＊歌の基本に，［↘↗ ↘↗ ↘↗ ↘↗ ↘↗ ↗］のリズムが埋め込まれており，それに従って，“jeweller's store”と“at the door”が，シンコペーション（強拍の移動）をする。
＊最後の“begins to sing”もオンタイム（on time ＝ビートの刻みに正確に合わせて）ではなく，「拍を食う」ように歌う。

イメージの空間性

私たちの発想はイメージに基づき，そのイメージは基本的に空間的なものです。私たちは，いつ何時も「それはどこか」（Where is it?）「自分はどこにいるのか」（Where am I?）を意識しています。in（内）か out（外）か，up（上）か down（下）か，on（接触）か off（離脱）か。どんなところか。「場」は文字通りの場所を超えて，「状況」や「地位」の比喩にもなります。「こんなところにいたくない」「もっと高い地位をキープしたい」。そして，私たちは時間について考えるときも，空間の比喩に頼ります――「朝の内に」「現時点において」「時は過ぎ去る」etc.

〈いつ〉に関する言い方を，いくつか拾ってみましょう。

■時の副詞句

☆年代，日にち，時間などの情報を，副詞句として文に添える。

〈when〉	S	V	C
Yesterday	all my troubles	seemed	so far away.
きのう	僕の悩みはみな	思えた	とても遠くに

☆副詞句は SVO の前か後に置かれる（構文を混乱させない限りどこでもよい）。

S V	O	（呼びかけ）	〈when〉
You say	you'll be mine,	girl,	till the end of time.
君は言う	僕のものになると		（この世の）時の終わりまで

＊till（時の前置詞）〜まで

＊mine：僕のもの　　yours：君のもの

☆文に接続詞 when をつけて，〈いつ〉を表す副詞節にすることができる。

When I held you near, you were so sincere.

僕が抱き寄せたとき，君はほんとに純真だった。

And **when** at last I find you, your song will fill the air.

ようやく君を見つけたとき，君の歌が空気を満たすだろう。

Session 7 You're Going to Lose That Girl

——さもないと，こうなるよ——

今回は，映画『ヘルプ！　4人はアイドル』で印象的にかかるナンバーから入ります。「もし君が～だと」の部分を if を使って，「こうなってしまう」という警告を，you're going to . . . という言い方で繰り返すこの歌をしっかりキャッチしてください。「自分はこうするぞ」という意思表明，I will で始まる文も併せて学習します。

ポイント　◎ be going to の用法　◎接続詞 if と when
◎名詞節と副詞節　◎ネクサスと補語

■歌詞の意味

You're gonna（= going to）. . .：君はこれから（こうする，こうなる）
lose that girl：あの子を失う
If you don't . . .：…しなければ
take her out：彼女を連れて外出（デート）する
change her mind：考えを変える，気が変わる
treat her kind：彼女にやさしく接する

《You're Going to Lose That Girl》

Help! 1965

Lead Vocal: John, backed by Paul and George

You're gonna lose that girl,
　　(Yes, yes, you're gonna lose that girl.)
You're gonna lose that girl.
　　(Yes, yes, you're gonna lose that girl.)

If you don't take her out tonight, she's gonna change her mind,
　　(She's gonna change her mind.)
And I will take her out tonight, and I will treat her kind.
　　(I'm gonna treat her kind.)

■going to：どうなる，どうする，どこへ進む

☆going to（a place）――今（ある場所へ）行くところ

Where are you going?　どこへお出かけですか？

I'm going to the airport.　空港まで行くところです。

☆going to（do ～）――これから何々をするところ

What are you going to do?　どうするんですか？

I'm going to call the police.　警察に電話します。

＊be going to 全体で「助動詞」相当の働きをしていると考えてよい。

☆くだけた会話では，短縮形で使われる。

I'm gonna do it.　　You're gonna do it.

She's gonna come.　We're gonna go.

Let's Sing

Exercise 7-1　指定されたリズムで言ってみましょう。

↘	↗	**↘**	↗	
I'm	gonna	**do**	it.	俺，やるよ。
You're	gonna	**see**	her.	あの子に会えるよ。
We're	gonna	**have**	it.	俺たちがもらう。

今度は頭打ちでなく，一拍めを前にずらします。

↗　↘　↗　**↘**　**↗**　**↗**

You're gon -na **lose that** **girl**.

君はあの娘を失うことになる。

↗　↘　↗　**↘**　↗　**↘**

You're gon -na **lose** **that girl**

Exercise 7-2　今日のナンバーを歌いましょう。

＊最初は講師がリードを歌い，皆さんはバックコーラス（カッコ内）を。

＊次に皆さんのリードに合わせ，講師がコーラスを入れる。

1		2		3		4		1		2		3		4	
↘	↗	↘	↗	↘	↗	↘	↗	↘	↗	↘	↗	↘	↗	↘	↗
	If	you	don't	take	her			out		to-	night,		she's	gon-	na
change	her		mind.												
		(She's		gon-		na		change	her		mind.)				
	And	I	will	take	her			out		to-	night,		and	I	will
treat	her		kind.												
		(I'm		gon-		na		treat	her		kind.)				

■現在進行形

☆〈be 動詞＋動詞 ing〉の形は，いわゆる“現在形”（事実や習慣の表現）とは異なり，現在進行中のことを言い表す。

Where do you go to college?　どこの大学へ行っていますか？

I go to Harvard.　ハーバードへ行っています。（所属の表明）

Where are you going now?　今どこへ行くところですか？

I'm going back to Boston.　ボストンに戻るところです。

☆〈be going to〉全体を「今から何をするのか」を示す助動詞と見ることができる。

What are you going to do there?　そこで何をするのですか？

I'm going to go back to the lab and start my experiment.

実験室に戻って実験を始めます。

■動詞と副詞

take her out　彼女をデートに誘う

☆基本動詞と副詞 out が一緒になって「連れ出す」という意味を作る。デートの文脈で使われることが多い。

I want to take her out to dinner sometime.
いつか彼女を食事にお連れしたい。

☆動詞を go や ask に替えて——

Who did you go out with?　あなた，誰とデートしたの？

Are you going to ask him out?　彼をデートに誘うつもり？

treat her kind　彼女に親切にする，やさしく接する。

＊kind は，ここでは動詞 treat にかかる副詞。副詞の印である -ly をつけてもよいが，形容詞の形のまま副詞の働きをする用法も一般的。

Hold me tight.　きつく抱いて。（tightly とすると理性的，観察的な発言になって感情の表現になりにくい）

■接続詞 if がつくる「条件節」

☆ある文に接続詞 if をつけると「もし〜なら」という「条件節」になる。

文：You don't take her out tonight.（君は〜しない。＝断定）

節：If you don't take her out tonight . . .（もし君が〜しないなら，＝仮定）

☆主文と条件節の位置は，どちらが先でもよい。

If you give her candy she's gonna be nice to you.

（キャンディーをあげれば彼女は君にやさしくしてくれる。）

She won't be happy if you don't come back.

（君が戻ってこないと彼女の心は浮かれない。）

Exercise 7-3 音声を聞いて（　　）を埋めなさい。

（1）You know,（　　　）（　　　）break my heart I'll go.

あのね，君に心をめちゃくちゃにされるなら僕は去るよ。

（2）（　　　）（　　　）want me to, I will.

僕にそうしてほしいなら（僕は）する。

（3）I know I'll never be the same,（　　　）（　　　）（　　　）get her back again.

わかってる，僕はもう同じままではいられない，彼女を取り戻せなかったなら。

Listen

《You're Going to Lose That Girl》の２つめのヴァースを聞いてみよう。

If you don't treat her right, my friend,
you're gonna find her gone.
(You're gonna find her gone.)
'Cause I will treat her right and then
you'll be the lonely one.
(You're not the only one.)

★'Cause ＝ Because：ここでは，前文の理由を述べており，「なぜって……」という日本語に相当。

★and then：そういうことになると

★You'll be the lonely one.：さびしい思いをするのが君になる。(the lonely one ＝ the lonely person)

■find her gone

☆日本語では相手に向かって「彼女にいなくなられてしまうよ」というのが普通だが，英語では主語の you の明記を必要とする。
You を S に，事態を O にして，find（見いだす）という他動詞を使う。
意味は「ある事態を君が見いだす」→「気がついたらこういう事態になっていた」。

☆〈事態〉の言い方（1）——「that 節」を使う。

S	**V**（動詞句）	**O**
You	'll find	that she is gone.
You	're gonna find	that she is gone.

＊that は if 同様，節をつくる接続詞。if が仮定の感覚（〜かどうか）を添えるのに対し，that は断定感を添える。

＊構文が理解される限り，接続詞 that は省略してよい。

☆〈事態〉の言い方（2）——「ネクサス」を使う。

S	**V**	**O**
You	'll find	her gone.
You	're gonna find	her gone.

☆{her gone} 全体を find の対象（目的語）と考える。

☆her と gone とは，“she is gone” という（主語–補語の）関係でつながっている。

☆{her gone} は意味的に主語・述語を備えているが，動詞（SVC の V に当たる部分）がないので「節」ではない。

☆{her gone} のような，主述関係を含む句を文法用語で「ネクサス nexus」という。本教材では，ネクサスを明示するときに｛ ｝の記号を使う。

Syntax

■ネクサスをとる動詞の例

〈事態〉を対象にする主な他動詞

keep（ある状態／状況に保つ）

keep {you warm}	君を暖かく保つ
keep {you by my side}	君を僕の側から離さない

leave（ある状態／状況に放置する）

leave {me alone}	僕を一人にする，構わずにいる
leave {me waiting}	僕を待たせたままにしておく

make（ある状態／状況をつくる，〜にする）

make you happy	君を幸せにする
make her mine	彼女を僕のものにする

■補語と副詞

☆“find her gone”の gone は，上述したように，彼女の状況（行方）を述べる。このとき her と gone とは文で示せば She is gone. となる関係で結ばれている。

☆A is B という意味関係をなすとき，「主語」A に対して B に当たる部分を「補語」と呼び，C で略記する。

☆同じく VO の後についても，動詞を修飾する「副詞 adv」は，SVC 構文をなす「補語 C」とは別。

＊“treat her right”の right は her の補語ではなく（She is right. という含意はない），動詞 treat を修飾する副詞。

Exercise 7-4　下線部の語が副詞なのか補語なのか見分けなさい。

（1）Hold me <u>tight.</u>　　きつく捕まえて／抱いて

（2）Though tonight she's made me <u>sad</u>, I still love her.

今夜彼女は僕を悲しくさせたけど，彼女を今も愛してるんだ。

（3）Why did you not treat me <u>right</u>?

どうして僕をちゃんと処遇してくれなかったんだ？

（＝ひどい扱いをしたんだ？）

■副詞節と名詞節

◎「節 clause」とは？

☆それ自体「文 sentence」の資格を持ちながら，より大きな sentence の一部をなすものを「節 clause」と呼ぶ。

☆節は，that, if, when, while, because その他多数の「接続詞」に導かれる。

□名詞節

S−V−O 構造（品詞としては N−V−N）の N の位置に納まるもの

S	**V**	**O**（誰に）	**O**（どんなことを）
I	don't know		**when** I'll be back again. いつ戻ってくることになるのか
She	says		**(that)** she loves you. 君を愛していると
	Tell	me	**why** you cried. なぜ君は泣いたのか
I	'll ask	her	**if** she comes. 彼女が来るかどうか

□副詞節

☆主文に対し，独立して，条件（if）や日時（when），理由（because）などを提示する。

If she comes, we'll have a party.

もし彼女が来るなら，パーティをしよう。

We'll have a party **because** it'll be fun.

パーティをするよ，楽しいだろうから。

Will you still need me **when** I'm sixty-four?

僕が 64 になったときにも，まだ必要としてくれるかい？

Challenge

when と if のついた節を意識して聞きましょう。

《When I'm Sixty Four》

Sgt Pepper's Lonely Hearts Club Band, 1967

Lead Vocal: Paul McCartney

When I get older losing my hair
many years from now,
Will you still be sending me a valentine,
birthday greetings, bottle of wine?
If I'd be out till quarter to three,
would you lock the door?
Will you still need me, will you still feed me
when I'm sixty-four?

■words & phrases

get older：年齢を重ねる（older は old の比較級）

lose my hair：頭髪を失う（losing は lose の現在分詞）

many years from now：今から何年も先（副詞句）

will be sending：will send の進行形（将来において，その行動が繰り返されることを示す）

send me a valentine：僕にバレンタイン・カードを送る

birthday greetings, bottle of wine：バースデイのお祝いやボトルワイン

If I'd be out：もしも僕が外出したままだったら（将来のことの仮定の気持ちが働いて，I'm が I'd be になった）

till quarter to three：3 時 15 分前まで，～になっても
Would you . . . ?：ある状況での相手の意向を聞いたり，依頼をしたりする文型。
lock the door：ドアをロックする
still need me：まだ（依然として）僕を必要とする
feed me：僕にご飯を食べさせる
when I'm sixty-four：僕が 64 になったとき（なっても）

■「when 節」の時制

☆「when 節」の中に，過去のこと，現在のこと，未来のこと，すべてを収めることができる。

（1）I was a tall boy when I was little.
（過去）幼い頃私は背が高い子だった。

（2）Lock the door when you go out.
（いつでも）外出時にはドアをロックして。

（3）Will you still need me when I'm sixty-four?
（未来）僕が 64 歳になってもまだ頼ってくれる？

（4）Bring a bottle of wine when you come next time.
（未来）今度来るとき，ワイン一瓶持ってきて。

☆（3）（4）のように when 節の中で未来を語るときも（「～になったら」）when 節内の動詞は現在形の am や come になる。

＊一方で，次の文では，will を使って未来形にする。

When **will you be** sixty-four?　いつ 64 歳になるんですか？

×When are you sixty-four?

（いま現実として 64 歳ではないので，are は使えない。）

Session 8 Norwegian Wood

——ある一夜の物語——

インド楽器シタールを組み込んだこの曲は，ドレミファソ . . . ともラシドレミ . . . とも違う，不思議な音階で歌われます。女の部屋に行って過ごした，取り立てていうことのない一夜。クールなジョンが書きつけた歌詞には，しかし，学習項目が満載です。

ポイント　◎動詞の過去形　◎〈who〉と〈what〉を同時に対象とする動詞
◎ There is / There are　◎ SVO の後にくる〈to 不定詞〉
◎〈to 不定詞〉の名詞的／形容詞的／副詞的用法

■words & phrases

once had：かつて（一度）持った（手にした）
or should I say . . .：というより～と言うべきか（should は「～すべき」の意味を加える助動詞）
showed me her room：俺に彼女の部屋を見せた
Isn't it . . .?：～じゃないか？（同意を求める文）

asked me to stay：とどまるよう頼んだ（帰らないでと言った）
told me to . . .：～するように言った（told は tell の過去形）
sit anywhere：どこでもいいから座る
looked around：見回した
noticed：気がついた
there wasn't a . . .：～が一つもない。

《Norwegian Wood》

Rubber Soul, 1965

Lead vocal: John Lennon

I once had a girl,
Or should I say she once had me.
She showed me her room.
Isn't it good Norwegian wood?

She asked me to stay
And she told me to sit anywhere,
So I looked around
And I noticed there wasn't a chair.

I sat on a rug,
Biding my time, drinking her wine.
We talked until two,
And then she said "It's time for bed."

---

sat on a rug：ラグ（敷物）の上に座った（座っていた）
biding my time：静かに好機を待ちながら
talked until two：２時まで話した
time for bed：寝る時間

Useful Expressions

★Isn't it?

「～ではありませんか」と，相手の同意を求める疑問形。

Isn't it good?　　いいですよね。

あるセンテンスを終えた後で，付加的につけることも多い。

This is wonderful, isn't it?　　これ，すばらしいですよね。

You had a good time, didn't you?　　楽しんでらしたんでしょ？

★It's time for N

「～すべき時，～の頃合いです」というとき，

It's time for N / It's time to V.

It's time for lunch. Where do you want to eat?

お昼の時間よ。どこで食べたい？

It's time to go to bed.　　もう寝る時間です。

It's time for me to go.　　もう私，行く時間です。

Let's Sing

■スローな強弱弱

☆［強弱弱］の拍が延々と続く，8 分の 12 拍子です――

♪	♪	♪	♪	♪	♪	♪	♪	♪	♪	♪	♪
I			once	had	a	⇐ girl,			or should		I
say			she	once	had	me.					
She			showed me		her	room.			I- sn't		it
good			Nor-	we-	gian	wood.					

Verb Analysis

■動詞の過去形

☆日本語では動詞の連用形に助動詞 ta をつける。

taberu	tabe -ta
kaku	ka'i -ta

☆英語では，一般に語尾に［d］か［t］の音を加えて，過去形とする。

[d]	show	showed
	open	opened
[t]	ask	asked
	look	looked
	notice	noticed

＊cooked を「クックド」と表記するのは，英語的には誤り。

☆日常頻繁に用いられる基本動詞には不規則活用するものが多い。この歌の歌詞の中だけでも——

現在形	過去形	現在形	過去形
have	had	isn't	wasn't
sit	sat	say	said
tell	told	drink	drank

＊その他の主な不規則動詞

現在形	過去形	現在形	過去形
do	did	give	gave
make	made	get	got
take	took	go	went
am, is	was	are	were

Exercise 8-1　それぞれの文を過去の時制で言ってみよう。

(1) I want to hold your hand.

＿＿＿＿＿＿＿＿＿＿＿＿＿＿＿＿＿＿＿＿＿＿＿＿

＊「to 不定詞」は，時制に影響されず，原形のままとどまる。

＊ [t] と [d] で終わる動詞に -ed をつけると，発音は [ɪd] または [əd]。

wanted　　blended　　attended

(2) She says she loves you.

＿＿＿＿＿＿＿＿＿＿＿＿＿＿＿＿＿＿＿＿＿＿＿＿

(3) I'm so tired, I don't want to walk anymore.

＿＿＿＿＿＿＿＿＿＿＿＿＿＿＿＿＿＿＿＿＿＿＿＿

あんまり疲れたので，それ以上歩きたくなかった。

■対人行為の動詞

（与える，送る，買う，見せる，など）

☆動詞の直後に「対する人」を，その後に「対する物」を

V	O（誰に）	O（何を）
showed	me	her room
見せた	僕に	彼女の部屋を
buy	you	a diamond ring
買う	君に	ダイヤの指輪を
get	you	anything
手に入れる	君のために	何でも

☆同じ内容を，次のように言うこともできる。

showed her room to me; buy a diamond ring for me;

get anything for you

Exercise 8-2 英語で言いなさい。

(1) 僕にもっと（more）くれよ。ヘイヘイ，もっとくれ。

Give（　　　）（　　　）. Hey, hey, hey, give（　　　）（　　　）.

(2) 私のスープ（soup）はすべて彼女にあげている。

I give（　　　）all my（　　　）.

(3) お金は僕に愛を買い与えることができない。

Money can't buy（　　　）（　　　）.

■対人要求の動詞

V（要求）	**O**（誰に）	**to 不定詞**（～するように）
asked	me	to stay
told	me	to sit anywhere

☆頼んだり，命じたり，望んだりする行為は，その時点では実現していない。これからのことに対しては，to stay の形が使われる。

☆〈to ＋動詞原形〉の形は，文法用語で〈to 不定詞〉（'to'-infinitive）と呼ばれる。

☆現在分詞 staying が「進行」の意味を持つとすれば，to stay は「未然」の意味を添える。動詞 ask や tell は「これからのこと」を他人に要求する。

Exercise 8-3 英語で言いなさい。

(1) 君が行く前に，そのことについて知っておいてほしい。

Before you go, I want you（　　　）（　　　）about it.

(2) 僕のものになって（be mine）くれと僕が言うと，君も僕を愛してると言うだろう。

And when I ask you (　　　　) (　　　　) mine, you're gonna say you love me, too.

Syntax

■V-〈where〉, V-〈when〉

☆対象（目的語）が後続しない動詞（自動詞）も，〈where〉や〈when〉の情報と連結する。

☆「いつ」や「どこ」は文中で副詞句をなす（動詞を修飾）。

V	**adv**	
sat	on a rug	敷物の上に座った
talked	until two	2 時まで話した
to sit	anywhere	どこでもいいから座る

■補語でつなげる

☆進行形（S-be-Ving）の文の主語と be 動詞を割愛し，一つの文にまとめることができる。

I sat on a rug. I was biding my time and I was drinking her wine.

→ I sat on a rug, biding my time, drinking her wine.

☆一般に［S be C］の［S-be］を落として，文を圧縮する方法はよく見られる。

The mouse dashed into the hole, ~~(it was)~~ surprised to see me.

ネズミは私を見て驚いて穴に駆け込んだ。

I went back to bed, ~~(I was)~~ happy that the mouse was gone.

ネズミが行ってしまったことに満足して私はベッドに戻った。

■There is / are ～［There was / were ～］

☆「～がある」というときには，There is / are で文を始め，主語を後置する。is / are は主語の単複に合わせる。

I noticed there wasn't a chair.

椅子ひとつないことに，俺は気がついた。

There are places I'll remember.

思い起こすことになる（忘れ難い）場所がある。

Once there was a way to get back homeward.

かつて故郷の方へ戻る道があった。

Exercise 8-4　（　　）の中に is か are か，どちらか適切な方を入れなさい。

(1) There（　　　　）bells on a hill, but I never hear them ringing.

丘の上に鐘が（いくつも）あるが，鳴るのを聞くことはない。

(2) When the night is cloudy, there（　　　　）still a firebug to fly for me.

夜が曇っているときも，なお僕のために飛んでいる（一匹の）ホタルがいる。

(3) Hey, Mom, please look and see.（　　　　）there some rice in the cooker for me?

ねえ，お母さん，よく見てよ。炊飯器の中に私のご飯はあるの？

Listen

《Norwegian Wood》の 2 つめのコーラスを聞いてみよう。

She told me she worked in the morning
And started to laugh.
I told her I didn't
And crawled off to sleep in the bath.

Exercise 8-5 今聞いたコーラスの歌詞中，テンス（過去か現在かの印）のついている動詞／助動詞にすべて（6 個）下線を引きなさい。

■時制の一致

☆過去形の語りの中では，テンス（時制の印）のつく動詞はすべて過去形になる。

She **told** me she **worked** in the morning.

＊この worked を「働いた」と訳したら誤解を与える。
なぜなら彼女は
"I work in the morning."（私は朝仕事がある）と言ったのだから。

☆文の時制を移行すると，基本的にすべての節でテンスが動く。

I think you will. → I thought you would.

＊would は will の過去形。

Exercise 8-6 She told me she worked in the morning. I told her I didn't. と，ジョンは歌っているが，歌の世界で，どんな会話が行われたのか，想像してみよう。

彼女　“(　　　)(　　　　) in the morning. Do you?”

歌い手　“No, (　　　　)(　　　　).”

■助動詞 do の代用用法

☆同じ動詞を繰り返さずに，助動詞 do で代用することができる。

＊“I work in the morning.” と言われて，自分は朝は働かない，と返すとき，“I don't work in the morning.” と言う代わりに，単に “I don't.” と言えばすむ。助動詞 do には，be 動詞以外のすべての動詞の代わりを務める働きがある。

I work in the morning. Yes, I do.

私，朝仕事があるの。そうですとも。

You don't work, do you? —— No, I **don't**.

あなたは仕事しないんでしょ？　ああ，しないよ。

I told her I **didn't**.

俺は彼女にしないと言った。

■不定詞（to V）の多機能ぶり

☆動詞と連結する（動詞の対象 N となる）

She started **to laugh**.　彼女は**笑い**始めた。

I want **to hear** from him.　彼からの便りがほしい。

☆動詞と動詞をつなげる（主文からある程度独立した副詞句を作る）

	S	V	adv
①	I	crawled off	**to sleep** in the bath.
	俺は	這っていって	→バスタブで眠った

＊この文は「バスタブで眠るために這っていった」とも訳せる。

	S	V	adv
②	I	looked around	to see if there was a chair.
	俺は	見回した	→椅子があるかどうか見定めようと

＊to の後には，しばしば「〜のために」という情報が添えられる。

☆名詞句として主語にも補語にもなる。

N	be	N
To know her	is	**to love her**.

彼女を知る（こと）は彼女を愛する（こと）。

☆形容詞句も作る。

I have	a lot of things	to do.
	たくさんの事	←するべき
There are	many places	to go.
	多くの場所	←行くべき

Exercise 8-7 それぞれの〈to 不定詞〉の品詞は，N，A，adv のうちどれか。

(1) I found something to eat.　何か食べるものが見つかった。

(2) To eat every day was not easy.　毎日食べるのは容易ではなかった。

(3) To live, we must eat.　生きるためには食べねばならない。

ノルウェイの森？

《Norwegian Wood》は「ノルウェイの森」の邦題で知られている。その名が定着してから20年あまりして，村上春樹が，日本の読者の心をさらうような恋愛小説『ノルウェイの森』を書いた。すると物知り顔の読者から反応が来た——“Norwegian Wood”は「ノルウェーの森」じゃないですよね。それって邦題の誤訳ですよね。

村上氏の小説の題名については，自身による「ノルウェイの木を見て森を見ず」というエッセイが，他の小文と一緒に『雑文集』（新潮社）という本に入っているので，関心のある方はご覧いただきたい。Wikipediaには，ポールによる解説が載っていて，それによると，当時イギリスで，アパートなどの壁に安手の松材のパネリングをするのが流行っていて，それをNorwegian Woodといったということらしい。しかし決め手はない。

一体ソングライターは，どうやって歌詞を膨らませていくのか。この教材では詞行の音韻を理解することに時間を割いているが，リズムと音韻を崩さないように単語を集めていくことにソングライターのこだわりがあるとすれば，“Norwegian wood”というフレーズを選ぶにあたっても，Isn’t is good?と対をなす4音節だという点が大事だったはずである。

村上氏のエッセイには，この曲のオリジナル・タイトルが《Knowing She Would》（彼女がその気だと知って）だったという説も紹介されている。男女の夜のことを，かなり具体的に歌ったジョンの頭の中に，このフレーズが立ち上らなかったはずはない。しかしこの曲は結局《Norwegian Wood》という題になり，それが日本で

《ノルウェイの森》と訳され，やがて同名の小説が書かれ，それが『Norwegian Wood』と訳し返されて世界の人に読まれるという道をたどった——ということになる。私たちにとってとても幸運なことに。(*ys*)

Session 9 I'll Follow the Sun

——太陽と時制を追いかけて——

英語では動詞を使うたびに「時」との関係を明確にしなくてはなりません。今回は，別れからの再出発を歌うポールのメロディアスな一曲を聞き込みながら，「これからのこと」や「すでに起こったこと」を英語ではどのように表現するのか，胸にしみ込ませていきましょう。

ポイント ◎助動詞による主観表現　may, must, will, can, should
◎２つの時制　◎時の３態
◎時を超える事柄　◎関係代名詞（that, who）

■words & phrases

one day：ある日，いつか
look to see：見て知る（look は動作，see は認知）
for：（文や節の頭で）というのも，だって
tomorrow may rain：明日は雨を降らせるかもしれない
I'll follow the sun：僕は太陽を追いかける（意志の表現）
know I was the one：僕こそがその人（意中の男）だったとわかる
the time has come：その時が来た
I must go：私は行かなくてはならない
though：（文や節の頭で）〜だけれども
lose a friend：友を失う
in the end：最後には

《I'll Follow the Sun》

Beatles for Sale, 1964

Lead vocal: Paul McCartney

One day, you'll look to see I've gone,
For tomorrow may rain, so I'll follow the sun.

Someday, you'll know I was the one,
But tomorrow may rain, so I'll follow the sun.

And now the time has come, and so my love, I must go.
And though I lose a friend, in the end you will know.
Oh-oh-oh

One day, you'll find that I have gone,
But tomorrow may rain, so I'll follow the sun.

Pronunciation

■R の音／L の音

[r]　tomo**rr**ow, **r**ain　　[l]　I'**ll**, fo**ll**ow

tomorrow may rain so　　I'll follow the sun

＊では音楽に合わせて――

Verb Analysis

■助動詞 will, may, must

☆動詞の現在形は一般に「客観的・習慣的な事実」を示す。

The earth goes around the sun.　地球は太陽のまわりを回る。

I never eat breakfast.　私は朝食を食べることはない。

☆主観（自分の意志や判断）を交える場合，いくつかの助動詞が活躍。

will（意志・未来推量）　～しよう，～だろう

I'll follow the sun.　僕は太陽についていこう。

In the end you will know.　最後に君は知るだろう。

may（当て推量）　たぶん～かもしれない

We may get sick.　私たち，病気になるかもれない。

A hard rain may fall.　激しい雨が降るかもしれない。

must（事態の確定，推定）　きっと～に違いない

（行動の義務）～しないといけない

I must go now.　もう行かなくちゃ。

He must be home now.　彼はもう家にいるはずだ。

☆**may not** は「～でないかもしれない」

Tomorrow may not come.　明日は来ないかもしれない。

☆**must not**（mustn't [mʌ́snt]）は「してはならない」「ありえない」

We mustn't sit here.　ここに座ったらいけない。

Exercise 9-1　may か will か must のうち適正なものを入れて言ってみましょう。

(1) I (　　　) not have a lot to give, but I (　　　) give you what I have.

あげられる物はあまり持っていないかもしれないけど，持ってる物はあげるよ。

(2) You (　　　) believe in Doctor Robert.

ドクター・ロバートを信じないといけない。

(3) You (　　　) be tired. If you aren't, you (　　　) be.

きっとお疲れでしょう。今は疲れてなくても，これから疲れが出ますよ。

(4) In the end you (　　　) know.

結局はわかってくれるだろう。

○他にこれらの助動詞もチェックしておきたい。

can't（できない，ありえない）

You can't do that.	君にそれはできない（能力が足りない）／それをしてはだめだ（状況が許さない）
Money can't buy love.	お金では愛を買えない。
That can't be bad.	悪くありえない。＝いいに決まっている。

should（当然）〜すべき

You should be glad.	うれしくあるべきだ。＝うれしく思わないのは変だ。

■時の３態：未然，進行，完了

☆人の行動，事の推移を始め，動詞が表す事象は〈時間〉の中で起こることがほとんど。

☆人間の意識は，時の流れを３つの様態に分けて考える。英語の動詞は，その３態に応じて形を変える。

まだこれから → 今進行中 → すでに完了

☆その３態は，次のような形をとる。

原形	go	do	be	have	lose
to 不定詞（未然）	to go	to do	to be	to have	to lose
現在分詞（進行）	going	doing	being	having	losing
過去分詞（完了）	gone	done	been	had	lost

＊現在分詞はすべて語末に -ing がつく。

＊過去分詞は不規則ながら，一般に［n］や［d］または［t］の音で終わる。

＊不定詞は英語で infinitive という。その原意は「限定されない」。「人称や時制によって変化しない形」というのが元々の意味だが，「未だ時の流れに引き入れられていない形」という意味に解釈することもできるだろう。

＊to のつく不定詞を「to 不定詞」，to をつけずに使う不定詞を「原形不定詞」という。

＊助動詞やいくつかの動詞（let, make など）の後には，原形不定詞がくる。

You can't go.　　Let me go.

■完了したこと＝ have ＋過去分詞

☆行為や出来事「〜し終わった」「済んだ」「起こってしまった」という完了の気持ちを have ＋過去分詞で表す。

☆have ＋過去分詞の原意は「完了した状態を有している」「(主語にとって）現在，あることが完了している」。

＊助動詞として使われる have も，動詞本来の意味（所有のイメージ）を失ってしまったわけではない。

You have —— a pen.	君（に）ある —— ペン（が）
You have lost —— a pen.	君（は）なくしてしまった —— ペン（を）
You have —— lost a pen.	君（は）ある —— ペンをなくした（ことが）

S	V		O	
	助動詞	本動詞		
I	will	lose	a friend.	友達を失うだろう。
I	am	losing	a friend.	失いつつある。
I	have	lost	a friend.	友達を失ってしまった。
I	'll	follow	the sun.	太陽を追いかけよう。
I	've	followed	the sun.	太陽はすでに追いかけた。

☆「現在完了」は現在時制。現在の状況を述べる。

The time has come.　その時が来た。＝今こそその時だ。

I've done my homework.　宿題はもうやった。＝今では済んでいる。

You have changed your mind.

君は心変わりしてしまった。＝心変わりした君が（今ここに）いる。

☆対して単純な過去形は，過去時制で，その行為が現在ではなく過去に起きたことを示す。

Aren't you going to kill Bungalow Bill?

あなた，バンガロー・ビルを殺すんじゃないの？

I **did**.（I already killed him.）

殺したよ（←これからじゃない，もうやった）

Do you think you are losing a friend?

友達を一人失いつつあると思ってる？

I think I **have**.　もう失ってしまったと思う。

「未来」は時制？

時制を〈現在〉と〈過去〉に限定する考え方はいささか斬新すぎるかもしれないので，しつこいようですが，英語という言語に内在する〈時〉の問題に少し深入りしてみましょう。

多くの文法書では，will を未来の時制をつくる文法的な機能助動詞と考え，「未来進行形」will be doing や「未来完了形」will have done や，さらには未来完了進行形 will have been doing など，たくさんの「時制」を説明しています。will の代わりに may や must を用いても，未来の事柄に対する判断を示している点は同じです。どうして will ばかり特別視されるのでしょうか。

ラテン語や，その直接の系譜にある言語（フランス語，スペイン語，イタリア語など）と異なり，英語の動詞は「未来形」に語尾活用しません。「未来」の意味を添えるときに使われる will も，それ自体は現在形で，過去形の would と対比される。その点は may が過去時制で might になるのと同じです。話は単純――その単純さを保持しながら，英語の形態に寄り添った，英語本来の〈時〉の扱いを，より細やかに検討していきたいと思います。

■時制と時態

☆時制（テンス）は，現在と過去の 2 つがある。すべての平叙文／疑問文は現在か過去か，どちらかの時制に属する。

☆「時態」とは本教材の用語で，次の３態を基本とする。

未然＝まだされていない状態	things to do	これからやるべきこと
進行＝今まさに，の状態	things I'm doing	今やっていること
完了＝もう済んだ状態	things I've done	やり終えたこと

★現在時制における時の３態

未然：I have to walk five miles to school.

学校まで５マイル歩くことが（まだ）私にある。

＝５マイル歩かなくてはならない。

進行：I am walking to school.

（今）私は学校へ歩いているところだ。

完了：I have walked five miles from home.

私は家から５マイル歩いてきた

＝（もう）歩き終えてここにいる。

Exercise 9-2 上記の３つの例文を過去時制にスライドさせなさい。

（1）過去の未然：I（　　　　）to walk five miles to school.

５マイル歩かなくてはならなかった。

（2）過去の進行：I（　　　　）walking to school.

私は学校へ歩いていた。

（3）過去の完了：I（　　　　）walked five miles from home.

私は家からの５マイルを歩き終えていた。

■不変的な事実の表現

☆動詞（する系）の「現在形」は，上記の3態のどこにも属さない。

☆「現在形」は「現在」というより，客観的・習慣的事実を示すもので，時に縛られない事柄を述べる。

2 times 7 equals 14.　　2の7倍は14に等しい。

A cheetah runs fast.　　チーターは速く走る。

I walk five miles to school.

私は（どんな日も）学校まで5マイル歩くんです。

☆現在形で“現在の状態”を表す動詞もある（ある・いる系）。

She's a woman now.　　彼女はもう大人の女性だ。

I love her.　　彼女を愛してる。

You know it.　　知ってるよね。

Listen

動詞の形に注意して聞きましょう。

《The Long and Winding Road》

Let It Be, 1970

Solo vocal: Paul McCartney

The long and winding road that leads to your door
Will never disappear. I've seen that road before.
It always leads me here. Lead me to your door.
（ 中略 ）
Many times I've been alone, and many times I've cried.
Anyway, you'll never know the many ways I've tried.
（ 中略 ）
But still they lead me back to the long, winding road.
You left me standing here, a long, long time ago.
Don't keep me waiting here. Lead me to your door.

■words & phrases

long and winding road：長く曲がりくねった道
lead to . . .：～へつながる
never disappear：決して消えない
lead me here：僕をここへ導く，（道をたどると）ここに出る。
many times：何度も（「多い回数」の副詞表現）
be alone：ひとりだ

cried：ここでは cry の過去分詞。

the many ways I've tried：僕が試みてきた多くのやり方

still：それでも

they lead me back to . . .：結局は〜に戻ってくる

left me standing：ここに立つ僕を残して行ってしまった（left は leave の過去形）

a long time ago：ずっと前に

keep me waiting：待つ状態に留めおく，待たせたままにしておく

Exercise 9-3

（1）《The Long and Winding Road》の詞の下線部のうち，動詞が完了の形になっているところにチェックを入れ，その完了の意味合いを汲みなさい。

（2）同じく，歌詞の動詞が命令法であるところはどこか。3 カ所あります。

■活発な動詞の活用

命令法　Don't keep me. Lead me.

直説法

○現在形　leads to your door

○助動詞＋原形　will never disappear; you'll never know

○進行形　me standing, me waiting

○完了形　I've been alone; I've cried; I've tried

■「経験したことがある」──現在完了の含意

☆have ＋過去分詞（つまり済んだことの所有）は「その経験がある」という意味を帯びる。直訳は「（私には）～たことがある」。

I've seen that road before.	その道は以前に見た（ことがある）。
I've been alone many times.	何度も一人になった（ことがある）。
I've cried many times.	何度も泣いた（ことがある）よ。
I've tried many ways.	いろんな方法を試してみた。

■keep と leave

☆keep は「ある状態をキープ」する，leave は「ある状態に放っておく」ということ。その状態を動詞の進行形で表現することも多い。

S	V	{～を	～の状態に}	
	Leave	me	alone.	放っておいて。
	Keep	your dog	off the floor.	
	あなたの犬を床の外にキープして＝床の上にあげないで。			
You	left	me	standing here.	
	君は {僕がここに立っている状態} に放置した。			
	Don't keep	me	waiting here.	
	{僕がここで君を待ち続ける状態} に留め置かないでくれ。			

Exercise 9-4 次の意味になる英文を，leave か keep を入れて言ってみましょう。

(1) オー・ベイブ，僕を絶対一人にするなよ。

Oh, Babe, don't ever (　　　　　) me alone.

(2) 今いるところに放っておいて。僕は眠っているだけだよ。

　(　　　　　) me where I am. I'm only sleeping.

(3) 僕には君を抱いて満足状態にしてあげられる腕がある。

　I have arms to hold you and (　　　　　) you satisfied.

■「君のドアに続く道」──英語の「連体」接続

☆日本語は，名詞につながる語を「連体形」にすることで，修飾節にすることが可能。

昨日は美しかった ― 花

☆英語では，まず名詞を言ってから，その名詞を代名詞 that で繰り返した上で，その that を S や O にした節をつくる。

a flower that was beautiful yesterday

N	that を主語とする節
a road	that leads to your door
道 ←	君のドアへ続く

N	that を対象とする節
a road	that we've walked before
道 ←	我々が前に歩いた
	(We've walked the road before. 我々は以前その道を歩いた。)

☆この that は「節を名詞につなぐ代名詞」。その意味で，「関係代名詞」と呼ばれる。

☆人間の場合，that より who で受ける方が常識的。

	N ——	[s	v	o]
She's not	a girl	**who**	misses	a meal.
彼女は，じゃない	女の子		食事を逃す（ような）	

☆節の動詞の対象となる関係代名詞は省略可。

the ball that we hit = the ball we hit

（一方，節の主語となる that や who は省略できない。）

Session 10 No Reply

——ジョンの嫉妬表現——

別れに際してもきちんと前向きなポールの歌に続いて，激しい感情を露わにするジョンの歌から。恋人に邪険にされた男の胸の内には，カラフルな英語表現が詰まっています。ネガティブな感情は，学習項目の宝庫だといえるでしょう。

ポイント ◎自動詞とは ◎副詞とは
◎知覚動詞とネクサス ◎事実に反する法
◎助動詞 would ◎「もっと」の表現

■歌詞の意味

This happened.：これが起こった。（This の内容は次の行の no reply ——すなわち「無視された」こと）

when I came to your door：君の家の戸口に僕が着いたとき

They said it wasn’t you：（見えた姿が）君ではないと人に言われた。（they は「周りの人」，不特定な誰か）

I saw you peep：君が覗くのが見えた

through your window：君の（部屋の）窓越しに

looked up to see ～：見上げたら～が見えた

tried to telephone：電話しようとした（telephone は動詞）

where you’ve been：君がどこにいたか（名詞節）

saw you walk in：歩いて入っていくのが見えた

《No Reply》

Beatles for Sale, 1964

Lead vocal by John, with harmony from Paul and George

This happened once before,
    when I came to your door — no reply.
They said it wasn't you,
    but I saw you peep through your window.

I saw the light, I saw the light.
I know that you saw me,
    'cause I looked up to see your face.

I tried to telephone,
They said you were not home — that's a lie.
'Cause I know where you've been,
And I saw you walk in your door.

I nearly died, I nearly died,
'Cause you walked hand in hand
    with another man in my place.

nearly died：もう少しで死にそうだった

hand in hand：手に手を取って

with another man：誰か他の男と

in my place：僕の代わりに

Rhythm and rhyme

■ン｜タタタタ｜タン

☆この曲は［弱弱強］の 3 音節,［弱弱弱強］の 4 音節の並びをリズムの基本にしている。

タ	タ	タ	**タン**
	No	rep-	**ly**.
	That's	a	**lie**.
I	saw	the	**light**.
I	near	-ly	**died**.

☆ヴァースには［弱｜強弱弱弱｜強］の 6 音節が並ぶ。

タ	**タ**	タ	タ	タ	**タン**
This	**hap**-	pened	once	be-	**fore**
when	**I**	came	to	your	**door**

タン	タ	**タ** タ	タ タ	**タン**	タ	**タ** タ	タ タ
𝄽	𝄾 This	**hap**-pend	once be-	**fore** 𝄾	𝄾 when	**I** came	to your
door 𝄾	𝄽	𝄽	No re-	**ply** -	—.	𝄽	𝄽
𝄽	𝄾 They	**said** it	wa- sn’t	**you**	𝄾 but	**I** saw	you peep
through	𝄽	𝄽	𝄾 your	win-**dow**			
𝄽	𝄾 I	**know** that	you saw	**me** 𝄾	𝄾 ’cause	**I** looked	up to
see	𝄽	𝄽	your	face	𝄽	𝄽	𝄽
𝄽	𝄾 I	**tied** to	te- le-	**phone** 𝄾	𝄾 they	**said** you	were not
home	𝄽	𝄽	That’s a	**lie** -	—.		

Exercise 10-1 行末のライミングを意識しながら上記の行を歌ってみよう。それを繰り返した上で，歌ではなく普通の発話としても発音してみよう。

■自動詞

☆自動詞は対象をとらない。自動詞１語で〈S－V〉の構文が作られる。

S	**V**
This	happened.
You	peeped.
I	telephoned.
I	died.

☆ちなみに，主語を問う疑問文はこのようになる。

S	**V**
What	happened?
Who	peeped?

Exercise 10-2 英語で次の質問をしなさい。

(1) きのう何が起こったのか？

(　　　　　) (　　　　　) yesterday?

(2) あしたは何が起こるの？

(　　　　　) will (　　　　　) (　　　　　　) ?

(3) 誰から電話が来たの？＝誰が電話したの？

(telephone または call を自動詞に使って)

(　　　　　) (　　　　　　) ?

(4) 誰が来たの？

(　　　　　) (　　　　　) ?

■移動の自動詞と空間表現

come	to	your door	君のドアへ（まで）来る
peep	through	your window	君の窓から（を通して）覗く
walk	in	your door	ドアから中に入る
look	out	your window	君の窓から外を見る
walk	down	the street	道を（先へ）歩いて行く
jump	over	the fence	フェンスを跳び越える

☆上記の自動詞は，（足による，または視線の）移動に関するもので，これらは to, through, in, out などの空間詞を伴って「どこ」に当たる名詞につながる。

■知覚動詞とネクサス

☆look や listen は外部の対象に視線を向けたり，耳を傾けたりすること。一種の行為である。対して see や hear は，精神内部で，視覚的・聴覚的に世界を捉えること。それらは「知覚動詞」と呼ばれる。

I looked for Anna, but I didn't see her.

アンナがいないかとキョロキョロしたが，姿は見えなかった。

I listened carefully, but I didn't hear anything.

注意して聴いたけれど，何も聞こえてこなかった。

☆知覚の対象は「物」であることも「出来事」であることもある。出来事は主語と述語からなる。SVO の O の位置にくる出来事はネクサスの形をとる。

S	**V**	**O**	
I	heard	the bell.	鐘が聞こえた
I	heard	{the bell toll}.	鐘が鳴るのが聞こえた
		{the bell tolling}.	鐘が鳴っているのが聞こえた
I	saw	you.	君が見えた
I	saw	{you peep}.	君が覗くのが見えた
I	found	{her gone}.	彼女がいないのに気づいた

☆ネクサス内は｛主－述｝の構造をなし，述語は動詞を含みうるが，その動詞には語尾変化もテンスもない。つまり原形のまま，現在形や過去形にはならない。

× saw you ran → ○ saw you run

× hear him cries → ○ hear him cry

☆ネクサスの述語には現在分詞・過去分詞・形容詞もくるが，be 動詞は含まれない。

× I saw she <u>was</u> standing there.

→　○　I saw her standing there.

☆知覚される出来事は，see や hear の直接の対象となる。her {standing there} というネクサスを使った言い方は，その直接性を伝える。

＊伝聞は知覚とは異なり，伝え聞くのは間接的な事実である。「これこれのことがわかった，伝え聞いた」などというときは，対象を that 節で表すとよい。

He told me (that) she was leaving home.

彼は僕に彼女が家を出ようとしていると言った。

I called her and found (that) she was still home.

僕は彼女に電話して，まだ家にいるのを知った。

I said "I heard (that) you were/are leaving home."

「君が家を出ると聞いたんだ」と僕は言った。

■副詞のつけ方

頻繁に使われる副詞のいくつかを見ておこう。

○動詞の直前に置くのがよい副詞（SVX における V の一部）

I **nearly** died.　　ほとんど死にそうだった。

I **really** cried.　　マジで泣いた。

I **almost** forgot.　　もう少しで忘れるところだった。

He **never** cries.　　彼は決して泣かない。

○動詞の直前でも，SVO から切り離しても，問題ない副詞

Once I had a girl. I **once** had a girl. I had a girl **once**.

かつて一度，俺は女を持った。

Sometimes she drives my car. She **sometimes** drives my car.

ときどき彼女は俺の車を運転する。

○文頭に置く副詞

Frankly, I don't like his songs.

正直，私は彼の歌が好きではない。

■副詞と名詞

☆同じ単語でも，S や O に組み込めば名詞になり，〈when〉〈where〉〈how〉の情報を担わせれば副詞になる。

S（N）	**V**	**adv〈when〉**
Tomorrow	never dies.	
No one	will die	tomorrow.

S	**V**	**adv〈how〉**
You	walked	hand in hand 手をからませて

☆hand は具体的な一個の手を示すときは，単数複数が区別され，名詞の前に冠詞や数詞などの「限定詞」が置かれる。

a hand（ある手）　the hand（その手），
a few hands（いくつかの手）　her hand（彼女の手），
any hand（どれでも任意の手）　a million hands（百万の手）

☆副詞句として使われる場合，名詞だったときには必要だった冠詞や複数の s が抜ける。

Do you have a pencil at hand?

お手元に鉛筆がありますか？

They were tossing pizza from hand to hand.

彼らはそのピザを手から手へ投げ渡していた。

《No Reply》 *chorus*

If I were you, I'd realize that I
  love you more than any other guy.
And I'll forgive the lies that I
  heard before when you gave me no reply.

■words & phrases

If I were you, I'd：→学習項目
realize：実情を認識する，気づく
more than any other guy：他の誰にも増して
forgive the lies：嘘を許す
gave me no reply：俺に何の返答もしなかった

Let's Sing

Exercise 10-3 コーラスの歌詞の中で，特に強く発音される［ai］の音を含む 6 つの音節に下線を引いて，そこをジョンと一緒に強く歌いなさい。

■If I were you

☆英語の直説法現在形は「実際に～である」という含意を持つ。

（→ p. 58 参照）

You are smart. Yes you **are**. How smart you **are**!

＊are を強めると，実際に，本当に頭がいい，という主張になる。
☆「実際は違う」と意識して，仮定の上で物を言うときは，動詞を直説法とは違う「法」にする。
☆現実ではないというフレームを設けるその「法」を，「仮定法」または「条件法」と呼ぶ。
☆仮定法では，動詞を過去時制（物語る時制）にする。直説法現在だと事実が主張されてしまうため，動詞の形を変える。

× If I am you → If I was you
→ If I were you

■助動詞 would

☆意志と推量の助動詞 will は仮定法では，過去形の would に移行する。

If I were him, I wouldn't worry so much.

もし僕が彼だったら，そんなには心配しない。

＝僕だったら，彼みたいには心配しないんだけどなあ。

＊時制の一致と助動詞
☆仮定の気持ちとは関係なく，過去時制では will は would に。

She said "I will be late about an hour or two."

She said that she would be late about an hour or two.

彼女はだいたい 1，2 時間くらい遅れそうだと言った。

＊would，および can の過去形である could については次の session でも。

■程度と比較の表現

☆副詞句は〈where〉〈when〉〈why〉など多岐の情報を担うが，分量〈how much〉や期間〈how long〉などの表現を習得しておきたい。

Exercise 10-4　I love you の後に次の句をつけて言ってみよう。

（1）more than yesterday.　昨日よりもっと

（2）more than anybody in the world.　世界の誰よりも

（3）more than any other guy.　他のどんな男より

（4）more than words can say.　言葉では言えないくらい

Exercise 10-5　次に（　　）に how much を入れて言ってみよう。

（1）You don't realize（　　　　　）I need you.

どのくらい僕が君を必要としているかを，君はわかっていない。

（2）You'll never know（　　　　　）I really love you.

本当はどれだけ愛しているか，君には決してわかるまい。

ジョンの嫉妬歌

自分以外の男と付き合う彼女を，かなり感情むき出しに攻撃する歌が，ジョン・レノンにはいくつかあります。これはアイドル時代からのことです。アメリカで空前の旋風が巻き起こり，《Can't Buy Me Love》を筆頭に全米トップ5をすべてビートルズが独占するという事態になったとき，ポールがリードをとる《Can't Buy Me Love》のB面にジョンが収めたのが《You Can't Do That》という歌。それはこんな歌詞だったのです。

この次あいつと話しているところを見かけたら
えらく落ち込ませてやる (let you down)
立ち上がれなくしてやる (leave you flat)
だって前に言っただろ，それをやっちゃだめなんだ
(You can't do that.)

彼らの音楽が一段と洗練の度を増した『ラバーソウル』には《Run for Your Life》(命からがら逃げ出しな) という，ジョンの恐ろしい曲が入っています。その始まりは，

誰か別の男と君が一緒にいるのを見るより
死んでる君を見る方がマシだ。

歌詞の出だしは I'd rather see you dead. これも覚えておきたい表現です。「～の方がマシだ」。仮定の意志 would と rather (むしろ) が一緒になって，「死んでる君を見る」という仮想上の状況の方がむしろいい，と言っているわけです。(*ys*)

評論 〈ビートルズ的〉とはなにか?

中野学而

ビートルズはなぜ,ロックンロールの本場アメリカ合衆国ではなく英国に生まれたのだろう? そこに何か必然性のようなものはあったのだろうか?

今年(2020年3月),ロックンロール草創期における異端,リトル・リチャードが亡くなった。若きジョンが年下のポールのボーカリストとしての魅力の虜になった大きな理由のひとつには,彼があまりにも上手にリトル・リチャードのモノマネをすることができた点があるという。

リチャードが完成させた,と言っても過言ではない「ロックンロール」というジャンルは,アメリカ合衆国の特異な文化的文脈の中で,長らく「決して混じり合ってはならない」とされてきた2つの異なる文化領域,つまり〈白人的なるもの〉の領域と〈黒人的なるもの〉のそれとが国の歴史上初めてシリアスな形で混じり合った際の化学反応の強度を体現する,と言われる。ごく大雑把に言って,〈白人的なるもの〉がキリスト教に根差す堅固な構造への志向性,禁欲的生活態度のようなものであるとすれば,〈黒人的なるもの〉とはアフリカ起源の土着信仰に基づくゆるやかな反復への志向性や人間的欲望の肯定,ということになるだろうか。中南米諸国のように白人と黒人が農園労働を介して合衆国同様に近接に暮らしていた地域に比べ,合衆国では格段に強いレベルで〈白黒混交タブー〉が存在した。合衆国精神の「屋台骨」である厳格な「ピューリタニズム」がその原因であるとされることも多い。

つまりロックンロールのパワーの源は,絶対に混じり合ってはならないものが混じり合ってしまうときの化学反応のすさまじさだから,それは合衆国においてしか生まれえなかったのだが，逆に，だからこそ合衆国では絶対にビートルズは生まれえなかった，ということが言えると思うのである。

合衆国では，結局のところ，この〈黒白混交タブー〉があまりにも強かった。特に公民権運動の頂点を画す 1963 年へと向かう合衆国の白人は，当然，それまで以上に〈黒人的なるもの〉を恐れることになった。それが普遍的な人間の欲望に根差すものである以上，その力に，自らの支配領域を内側から食い破られる強烈な脅威を感じたのである。ロックンロール王国の真の「キング」と言えばエルヴィス・プレスリーだろうが，彼はそもそも白人にしてはあまりにも〈黒人的〉にすぎたので，1954 年の登場からしばらくの間こそ激しい熱狂をアメリカの若者のあいだに巻き起こしたが，合衆国のごく一般的な白人は，結局エルヴィスが撒いた種を文化の〈根源〉に届くレベルで本格的に受け入れて育てていくわけにはいかなかった。ロックンロールは，本場ではこうしていったん下火となる。このまま消えてしまった可能性だって，なくはないのだ。

写真提供　ユニフォトプレス

しかし，もはや音楽はグローバルであった。文化的に合衆国とほぼ同じルーツを有しながら，ピューリタニズムの影響はそこまで強くはなく，合衆国南部のような形での黒人奴隷とのシリアスな物理的共存を経験していないこともあって〈白黒混交タブー〉が格段に弱かった英国の若者たちが，すでに当時の合衆国の白人たちとは比較にならない深度で合衆国産のロックンロールを咀嚼し，大事に育てていたのである。冒頭に言及したポールによるリトル・リチャードの「モノマネ」しかり，言わば彼らは「モノマネ」に過剰な価値判断を加える（加えられる）ことなく，合衆国に比較すればずっと純粋にその魅力に身をゆだねながら技術的にも洗練させていくことができたのだし，それを新しい若者文化のあり方として多くのリスナーが支持し熱狂することもできたのだったろう。

その上で言えば，同じ英国の中でも地域性というものがあり，これこそビートルズをほんとうにビートルズたらしめた最大の要因だったと思う。一般的には，ロンドンを中心に活動していたローリング・ストーンズの方が黒人音楽の理解が深いように言われることが多いが，必ずしもそうとばかりは言い切れない。むしろ，合衆国の白人たちとどこか通底するような意味で，このまま行けば自らが英国の白人として無意識のうちに背負ってきたものすべてを崩壊させてしまうかもしれない，という本質的な抵抗，恐怖を感じざるをえない深度にまで，英国白人としてのビートルズの黒人音楽（文化）の理解は到達して（しまって）いたのだと思う。

アングロサクソン中産階級的な金融資本主義の中心地であるがゆえに人が伝統にそれほど強い執着を覚えることのない大都会ロンドンではない，アイルランド移民が多く，ケルト系の古い文化とカトリックの精神性が深く息づくリヴァプールという周縁（つまりイナカである）の街の労働者階級の子弟であるビートルたちにとって，自らの故郷や伝統への愛（呪縛）はあまりにも自然なものだった。そのような中，彼らとしては，結局のところ，〈黒人的なるもの〉の新鮮で普遍的な破壊力に自らを骨の髄まで浸しながらも，その道を突っ走ることなく，むしろその破壊力が強ければ強いほど，故郷の風土を含め自らを育てた〈白人的なるもの〉の伝統を死守すべく，ヨーロッパの広い文学的・芸術的文脈をいよいよ深く掘り下げる，という困難な方向へと進んでいかざるをえなかったように思えるのである。こうして，白人的な調性メロディーの美しさや曲構造のドラマ性と黒人的な反復性や境界撹乱性との絶え間ない拮抗／緊張が織りなす，まさに〈ビートルズ的〉としか言いようのない魔法の音楽が生まれる。黒と白の間の化学反応の激しさ，深さという意味では，これはまさにロックンロールの系統樹における最も正統的にして最重要の進化であった。

1950 年代中盤を席巻した〈真に黒い〉音楽は受け入れることができずとも，1963 年の全米デビュー以降，表向きは極めて折り目正しく〈白人的〉な顔を保ち続けたビートルズなら熱狂的に受け入れざるをえなかったロックンロールの本場アメリカ合衆国で，ついに 1965 年，独自に黒人音楽の理解を深めていた中西部ミネソタ出身のユダヤ系白人青年ボブ・ディランが，ビートルズ経由で白人と黒人のハイとローの伝統をすべてひっくるめて生み落とした“Like a Rolling Stone”――この曲の冒頭のスネアドラム一発！の瞬間には，だから音楽とともにさまざまな歴史的境界線をまたぐ形で引き起こされてきた心の最深部における激しい化学反応のドラマの真骨頂が，特に切実に響いているように思えるのである。

写真提供　ユニフォトプレス

III The Fab Four as Artists

Session 11 If I Fell

――条件法で愛にいざなう――

言語は確かな事実だけを伝えるものではなく，可能性やら疑いやら，確信やらの入り交じる思いを伝えるもの。恋に落ちそうな男の気持ちの揺れは，条件法や助動詞の助けを得てどのように表現されるのか，初期の名作《If I Fell》の詞の世界を見ていきましょう。

ポイント　◎条件法（仮定法）　◎ would と could
◎ should　◎ should have と could have

■words & phrases

fell in love：恋に落ちた

promise to be true：裏切らないと約束する

help me understand：僕が理解するのを助けてくれる

I've been in love：恋に落ちたことがある

I found that . . .：～ということに気づいた

more than just holding hands：ただ手をつなぐ以上のこと

A is more than B.　A は B 以上のこと。（意味が大きい）

A is larger than B.　A は B よりサイズが大きい。

《If I Fell》

A Hard Day's Night, 1964

Sung by John and Paul

If I fell in love with you,
Would you promise to be true, and help me understand?
'Cause I've been in love before,
And I found that love was more than just holding hands.

If I give my heart to you,
I must be sure from the very start
That you would love me more than her.

If I trust in you, oh please, don't run and hide.
If I love you too, oh please, don't hurt my pride like her,
'Cause I couldn't stand the pain,
And I would be sad if our new love was in vain.

（ 中略 ）

So I hope you see that I would love to love you,
And that she will cry when she learns we are two.
If I fell in love with you.

give my heart to you：僕のハートを君に与える
I must be sure：僕は確信が必要だ

Are you sure you don't want it?　「いらない」って，ホント？

I wasn't really sure if you'd like this, but it looks good on you.
これ，お好きかどうか確信なかったんですけど，あなたに似合いますよ。

from the very start：一番最初から

＊very はここでは副詞（とても）ではなく，名詞の意味を強調する形容詞。

love me more than her：彼女よりもっと僕を愛してくれる

＊厳密には，more than she did と言った方が意味が正確に伝わるが，more than her と言っても，more than you love her の意味に誤解されることはないので，音韻の関係から her が選ばれたのだろう。

trust in you：君を信じる，信頼を寄せる（trust you は「君の言うことを信用する」という軽い意味）
run and hide：逃げて隠れる
hurt my pride：僕のプライドを傷つける
like her：彼女（がした）みたいに（＝ like she did）
couldn't stand the pain：その苦痛に耐えられないだろう。

Today's heat, I can't stand it.　今日の暑さはがまんならない。

I would be sad if . . .：〜だったら悲しくなる
in vain：無駄な，成就しない

We looked for her in vain.　彼女を探したが見つからなかった。

I hope you see：君にわかってほしい。（＝ I hope that you see）
I would love to love you：君を愛せたらすばらしい
And that she will cry：彼女が泣くことを（＝ And［I hope］that の

つながり）

when she learns we are two：僕らが二人（カップル）になったと知ったとき

＊learn は「（知らなかったことを）知る」，know は「知っている」。

Let's Sing

この歌のコーラスの特徴的リズム

♪ ♪	♩	♩	♩	♩	𝅗𝅥
タタ	**タン**	タン	タン	タン	**ターン**
'Cause I	**coul** [kʊ]	-dn't	stand	the ♪	**pain** ♪𝅗𝅥
would be	**sad**	if	our	new	**love**
If I	**fell**	in	love	with	**you**

■事実でない話は，（お話を物語るように）過去の時制で

☆例えば次の文は直説法ではなく「条件法」（仮定法）で書かれている。

And I would be sad if our new love was in vain.

新しく始まる僕らの恋が実らなかったら（is in vain ではなく，**was** in vain）僕は悲しいだろう（will be sad ではなく，**would** be sad）。

＊その前の（'Cause）**I couldn't** stand the pain も条件法。

条件：（前行の内容から）君も，彼女みたいに，僕のプライドを傷つけるなら

→ I couldn't stand the pain（その苦痛に耐えられないだろう）。

☆冒頭の 1 文も仮定上のことを過去時制で伝えている。

♪ ♪	♪	♪	♪	♪	♩	
If I	**fell**	in	love	with	**you**,	もし君と恋に落ちたら
would you	**pro**-mise	to		be	**true**?	真心で接すると約束してくれる？

■would, could で暗に仮定の気持ちを込める

☆条件を明示せずに，相手の意向や，こちらの気持ちを would や could を使って，婉曲に（ぶしつけでなく）伝える。

No, I won't do it.　いや，する気はないですね。

I wouldn't do it.　（私だったら）（そういう話なら）（やれと言われても）やろうとは思いません。

☆相手の意向を尋ねるときに，Will you . . .? Can you . . .? に代えて Would you . . .? Could you . . .? が多用される。

☆自分の要求を伝えるとき，I want to に代えて I would like to（I'd like to）が多用される。

I'd like to be under the sea.　海の底へ行ってみたい。

I'd like you to come with me.　君に一緒に来てほしい。

＊would を使うべきか，will を使うべきかで悩む必要はない。

When I get older, will you still be walking with me?

もっと年を取っても，まだ一緒に散歩していてくれる？

＊「もしも僕が年を取ったら」と仮定する話でもないので直説法で

I could be handy mending your shoes.

私も役に立つでしょうよ，あなたの靴を直すとか。

＊「もしその必要が生じたら」という仮定の気持ち

Exercise 11-1 流れる歌を聞いて空欄に would, wouldn't, will, won't のうちからいずれか一語を入れなさい。

Oh, and this boy (   ) be happy just to love you,
君を愛するだけで幸せだろう

But oh my –

That boy (   ) be happy till he's seen you cry.
君が泣くのを見るまでは満足する気はない

This boy (   ) mind the pain,
苦しいことが起きても気にしない

(   ) always feel the same
いつも同じ気持ちでいるだろう

If this boy gets you back again.
もう一度君を取り戻すなら

■可能性の言い方

can は「可能性がある」。否定形の can't は「可能性がない」。

That can happen to everybody. それは誰にも起こりうる。

= That could happen to everybody.

＊可能性のあるなしの話は，条件法でも直説法でも意味に違いは生じない。

＊同様に，

Can you do it? Could you do it?

両方とも「できますか？」と物を頼んでいる点で同じ。条件法で依頼した方が，ズケズケした感じがなくてよいと感じる人もいるようだが，大差はない。

How can / could . . .?（どうやったらできる）は，しばしば非難の表現に。

How can you laugh when you know I'm down?

僕が参っているのを知ってるのに，どうして君は笑ってられるんだ？

How could she do this to me?

いったいどうしたら，私に対してこんな事ができるの（ひどい人ね）。

may は「あるかもしれない」（蓋然性がある）。

＊can と can't は正反対の意味だが，may と may not は結局同義（かもしれない＝じゃないかもしれない）

☆直説法現在の may と条件法の might も同じように使えるが，might を使うと，「もしかして〜」の感じが出て便利。

You might like to know that the singer's gonna dance now.

（知りたいかもしれないので）お知らせします，これから歌い手が踊ります。

Exercise 11-2　（　　）の中に can, can't, might のうちから適切なものを入れなさい。

(1) Because I told you before, you (　　　　) do that.

前に言っただろ，それをしたらだめなんだ。

(2) Love is something that money (　　　　) buy.

愛はお金では買えないものだ。

(3) I have something to say that (　　　　) cause you pain.

君に言うことがある。それは苦痛をもたらすかもしれないが。

■助動詞 should

☞人はあるべき事態を想定し，それに合わせて行動の正誤を判断する。「〜すべきだ」「〜であってしかるべき」「当然〜でしょ」と，いわば「道義」や「筋道」をあてがう助動詞 should を見ていこう。

You should see it. It's fun.　　見なさいよ，面白いから。

I once had a girl, or should I say, the girl had me.

以前女がいた。ていうか，その女に俺がいたっていうべきか。

I should be sleeping like a log.

俺は，丸太みたいに寝ていておかしくないんだ。

■過去の出来事を仮想する（should have 〜, could have 〜）

should have done　やるべきだった（のに……）

shouldn't have done　やるべきじゃなかった（のに……）

You should have been there. It was fun.

行けばよかったのに。面白かったよ。

could have done　可能性があった（のに……）

I could have seen John if I had stayed.

もし居残ってたら，ジョンに会えたかもしれないのに。

*I might have seen . . . もほぼ同じ意味合いで使われる。

couldn't have done　できる可能性はなかった

*I couldn't have got there anyway.

どの道行きつけなかったさ。

《I Should Have Known Better》

Hard Day's Night, 1964

Solo vocal: John (double track)

I should have known better with a girl like you,
That I would love everything that you do,
And I do, hey hey hey, and I do.

Whoa, whoa, I
never realized what a kiss could be,
This could only happen to me.
Can't you see, can't you see?

That when I tell you that I love you, oh,
You're gonna say you love me, too.
Oh, and when I ask you to be mine,
You're gonna say you love me, too.

■動詞 know

I should know better.　自分はもっとわかっているべき。
＝もっとわきまえがあっていい。

with a girl like you：君のような女の子に関して
（with は「関連」，like は「同類」を示す。）

should know を should have known に代えると
→　もっといろいろ知っていてもよかった。
（知らなかったことへのちょっとした後悔）

＊know を他動詞として使うと――
I should have known a girl like you.
君のような子と知り合いになっているべきだった。
I should have known you better.
君のことをもっとよく知っておくべきだった。

■条件法と直説法の対比

条件法	直説法
I should have known . . . 知ってるべきだった（何てことだ，知らなかった）	
(that) I would love everything that you do. 君のすること全部好きになるだろう（と）	And I do. 実際好きだ。
what a kiss could be. キスがどんなにすばらしくなりうるか。	I never realized . . . 全然わかってなかった，
This could only happen to me. こんなこと，僕だけにしか起こらないだろう。	Can't you see? （現に）見えてない？　わからない？

■多重の節

☆上記歌詞の第 3 連は that 節と when 節が多重に折り畳まれている。
☆最初の That は，第 2 連の最後の文 Can’t you see? に続く接続詞。
☆前連の動詞 see と that 節で VO（動詞—対象）の関係をなしている。
☆最後の 5 行の構文。

Can’t you see —— that —— when I - **V1**, you’re gonna - **V2**,
and when I - **V3**, you’re gonna - **V2**.

V1 = tell you that I love you（君を愛していると言う）
V2 = say you love me, too（君も僕が好きだと言う）
V3 = ask you to be mine（僕のものになってと頼む）

Let’s Sing

Exercise 11-3

☆メロディラインの上昇に合わせて，気持ちを盛り上げていく。
☆ 1 小節の 1 拍め（ジョージのギターストロークの入るところ）でしっかりタメを作り，2 拍めから，一拍一拍，言い聞かせるように 7 拍。
☆強い拍が線を飛び出て「拍を食う」ところは，無理をせず，自然なシンコペーション感覚を養ってください。
☆ただ，“mine”は，限りない解放感と共に，相手にぶつけるように歌いましょう。

𝄽	♩	♩	♩	♩	♩	♩	♩	♩
𝄽	And	when	I	**ask**	you	to	be	⇐ **MI-I-I-NE**,
𝄽	You’re	gon-	na	⇐ **say**	you	love	me	⇐ **too**.

Session 12 She Loves You

――思いのこもった語りのままに――

ステージに大股で立ったジョンがリードを歌い，もう１本のマイクの前でポールとジョージが首を振りながら「ウー」を入れる――アイドル時代のビートルズ曲のなかでも特に記憶に残るこの《She Loves You》は，完璧なコミュニケーション英語でできたポップソングの古典的名作です。しかも各行に，今まで学習してきた基本的事項が満載。歌詞をどれだけすんなり受け止められるか，試してみましょう。

ポイント
◎文と強勢，感情と強調
◎直接話法と間接話法
◎動詞句の構造分析
◎助動詞の分別
◎情報伝達の２つのレベル
◎ with について
◎２つの時制と５つの態

■words & phrases
your love：君の愛（する人）
told me what to say：こう伝えるよう僕に言った
can't be bad：悪い話ではありえない
should be glad：うれしがって当然
hurt her：彼女を傷つけた（動詞 hurt は，過去形も hurt）
almost lost her mind：ほとんど理性を失った
the hurting kind：人を傷つけるタイプ
with a love like that：そんな愛があるなら

《She Loves You》

UK #1 single, 1963

Sung in harmony by Paul and John

You think you've lost your love,
Well I saw her yesterday.
It's you she's thinking of,
And she told me what to say.

She says she loves you,
And you know that can't be bad.
Yes, she loves you,
And you know you should be glad.

She said you hurt her so
She almost lost her mind.
But now she says she knows
You're not the hurting kind.

She says she loves you,
And you know that can't be bad.
Yes, she loves you,
And you know you should be glad. (Oo)

She loves you, yeah, yeah, yeah
She loves you, yeah, yeah, yeah
And with a love like that
You know you should be glad.

☞初期ビートルズの歌が，あれほどの興奮を巻き起こした理由の一つに，彼らの歌が，感情のこもった語りそのもののようなリズムを持っていた点が挙げられます。発話をそのまま，ビートと音程のついたソングにしてしまう若きソングライターズの技を確認していきましょう。

■発話の強勢

☆単語内のどの音節を強く発音するかは，アクセント記号によって示される。これは固定したルール。

a-pol-o-gy［əpɔ́lədʒi］：謝罪（弱強弱弱）

a-pol-o-gize［əpɔ́lədʒàiz］：謝る――弱強弱強のリズムで，最後を下げる。

☆それとは別の（会話文全体の）レベルで，話者の気持ちの昂揚に応じて強く発音される語が，その都度，生じる。

She **loves** you.　　おまえ，**愛されて**るよ。

She loves **you**.　　愛してるの**おまえ**だって。

☆より明確に you を強調する場合は，It's you で文を始める。

It's **you** that she loves.　　おまえだよ，あの子が愛してるのは。

It's **you** she's thinking of.　　おまえなんだ，想ってるのは。

Exercise 12-1 歌われる一節を聞いて，最も強く高く歌われている単語の母音にアクセント記号（´）をつけなさい。

（1）She says she loves you.

（2）You're not the hurting kind.

（3）And you know you should be glad.

Exercise 12-2 次の英語文を発音し，歌として聞いてから，そのリズムに合わせてもう一度言ってみましょう。

（1）Well, I saw her yesterday.

きのう彼女に**会った**んだけど。

（2）And she told me what to say.

俺に言ったよ，こう**伝えて**って。

（3）She says she loves you, and you know that can't be bad.

そうなんだ，**おまえを**愛してる。それさ，**bad** じゃないよね。

■対人発話の構造

☆情報伝達の視点で見ると，相手を目の前にして話をするときには，次の二つのレベルの情報が常に交錯していることがわかる。

（1）ベタな情報：誰が（何が）どうだ（どうした）

（2）メタレベルの情報：やりとりされる情報についての情報

☆日本語は通常，ベタな伝達から入り，メタな処理でしめる。

ジェーンは君を愛してるんだってね，知ってた？

伝聞の共有，メタレベルの問い

＊英語で she says, you know, I think などのフレーズは，文頭，文中，文末に，副詞句のように自由に差し挟むことができる。

＊次のような例で，you know は，相づちを求める日本語の文尾「よね」

や「だろ」と同じように使われている。

That can't be bad, you know.　　　それ悪いはずない，よね。

間投詞／接続詞	メタな言及	ベタな情報
Well	you think	you've lost your love.
And	she told me	(what to say).
	She says	she loves you,
and	you know	that can't be bad.
And	you know	you should be glad.

■直接話法と間接話法

☆伝聞として話す場合の「間接話法」は，当人が「直接話法」で話したこととは，人称も時制も異なる。

Hey, Tom, Jane said that she wanted to see you.

← Jane: "I want to see Tom."

Exercise 12-3　伝聞の話をもとに，想像される彼女の発言を再現しなさい。

She said you hurt her so she almost lost her mind.

But now she says she knows you're not the hurting kind.

"He hurt (　　　　　) so I almost lost (　　　　　) mind.

But now (　　　　　) know (　　　　　) not the hurting kind."

Listen 《She Loves You》の verse 3 から

You know it's up to you.
I think it's only fair.
Pride can hurt you, too.
Apologize to her.

Because she loves you,
And you know that can't be bad.
She loves you,
And you know you should be glad. (Oo)

She loves you, yeah, yeah, yeah
She loves you, yeah, yeah, yeah
And with a love like that
You know you should be glad.

■役立つ表現

It's up to you.	君次第だ。
It's only fair.	公平であるだけだ　→文句ないだろ。
Pride can hurt you.	プライドは君を傷つけうる →時には譲らないと痛い思いをする。
apologize to 〜	〜に謝る。apologize は自動詞。

I'm sorry. I was wrong. I apologize.

■with の研究

☆基本は近接の空間詞（共にある，ついている）

I'm with you.　私はあなたと共にある。（共感，理解のメッセージ）

☆所持のニュアンス

the boy with blue eyes　青い目をしたその少年

I was born with a jealous mind.　俺は嫉妬深い心を持って生まれた。

☆～に関して

He is careful with money.　彼はお金に関して注意深い。

I should have known better with a girl like you.

君のような子に関して，もっとわかっていればよかった。

☆「～があるから／いるから」「～があれば／いれば」という含意をもって接続する句を作る。

I get by with a little help from my friends.

友達からちょっと助けてもらってやっています。

With a love like that you should be glad.

そんな恋があるんだから，もっとうれしがらなくちゃ。

Exercise 12-4　（　　）の中に適切な語を入れて，次の内容を英語で言いなさい。

(1) 君を自由にする。彼と一緒に行きなよ。

I will set you free. Go (　　　　) (　　　　).

(2) 私たちと一緒にあなたを家までお連れしたい。

We'd like to take you home (　　　　) (　　　　).

(3) 君が僕のわきにいたら，幸せな気持ちでいられるだろう。

I could be happy (　　　　) (　　　　) by my side.

(4) 彼らは家庭を築いて，子供たちが 2，3 人庭を走り回っている。

They have built a home,（　　　　　）a couple of kids running in the yard.

■動詞句の構造

☆動詞句は,「法」と「時制」を備え,「助動詞」と「本動詞」とそれらに付随する語から成る。

☆法（mood）は次の３つのどれか。

○直説法――する／しない，である／でないなどに二分しながら物事を伝え，思いを述べる法

○条件法（仮定法）――直説法が内包するストレートな言明を棚上げして想像上のことを述べたり，一歩引いた表現をする法

○命令法――叙述せず，動詞の原形によって相手に行動を促す法

☆英語の時制（tense）は「現在」と「過去」の２通りと考える。

＊現在の意志や推量に用いる助動詞 will を，時制と関係づけて,「未来時制」というカテゴリーを作る必然性が，英語自体には見られない。

I will do it tomorrow.　　明日やろう（現在の意志）

I thought I would do it yesterday.

昨日やろうと思ったんだ（過去の意志）

＊不確定な未来のことを推測して言うとき will を用いる。

There will be much rain this summer.

この夏は雨が多いだろう。

☆英語の助動詞には２系列ある。

○話者の判断を加える can, may, must, should, will の類。

○文法機能を担う助動詞に，do, be, have がある。

do ＋原形――強調（実際〜だ）

She **does** love you. 彼女は君を愛している。
（愛していないことなどない）

be ＋過去分詞――受身（された）／現況（ている）

She **isn't** loved much. 彼女はあまり愛されていない。

Her parents **are** gone. 彼女の両親はいなくなった。

be ＋現在分詞――進行（しつつある）

She **is** trying to be loved. 彼女は愛されようと努力している。

be ＋ to 不定詞――未然／予定（するのはこれから）

She **is**（going）to love somebody tonight. 今夜誰かを愛するだろう。

have ＋過去分詞――完了／経験（し終わった，したことがある）

She **has** loved many. 彼女はこれまで多くの者を愛してきた。

have ＋ to 不定詞――義務／拘束（しなくてはならない）

She **has** to love somebody. 誰かを愛さなくてはならない／いられない。

☆本動詞の「時態」（まだ／いま／すでにの別を明示する形）として，未然（to 不定詞），進行（現在分詞），完了（過去分詞）の 3 態を区別する。

時態なし	I **eat**. He **cooked**.（現在・過去時制の単純形）
原形	Let me **see**.
未然	I'm ready **to go**.
進行	You're **hiding**.
完了	I'm **finished**. I've **done** it.

《She Loves You》の動詞句の分析

	法	判断の助動詞	機能的助動詞	時制	本動詞の時態
You think	直説			現在	一形　think
you've lost your love.	直説	—	have	現在	完了形　lost
I saw her yesterday.	直説	—	—	過去	一形　saw
It's you	直説			現在	一形　's (is)
she's thinking of.	直説	—	is	現在	進行形　thinking
She told me	直説	—	—	過去	一形　told
what to say.		—	—		未然形　to say
She says	直説			現在	一形　says
she loves you.	直説	—	—	現在	一形　loves
You know	直説			現在	一形　know
that can't be bad.	直説	can't	—	現在	原形　be
You should be glad.	条件	should	—	過去*	原形　be
Pride can hurt you, too.	直説	can		現在	原形　hurt
Apologize to her.	命令	—		—	原形　apologize

＊かつての英語では，意志を表す助動詞 will となりゆき（運命）を表す助動詞 shall が対照の関係をなし，それぞれの過去形が would，should だった。shall の使用が極めて限定的になった今，should に過去のニュアンスはない。

Session 13 Yesterday

――追憶と悔悟の英語――

アイドル人気絶頂期の「騒がしい」ロックバンドが，弦楽四重奏をバックに使ったバラードを歌ったというので話題になり，当時の「大人の歌手」にも広くカバーされた《Yesterday》は，その独創的なメロディだけでなく，詞においてもクラシカルな手法を練り合わせた，芸術の香り豊かな作品です。

ポイント ◎対句と中間韻　◎ seem と look
◎不定詞・現在分詞・過去分詞による形容
◎量を比較する表現　◎実質上の助動詞（used to）

■words & phrases

all my troubles：私のすべてのトラブル，私の苦悩のすべて
seemed (so) far away：（あれほど）遠くに見えた
It looks as though：〜のように思える，〜みたいだ
here to stay：ここに居ついている
believe in 〜：〜を（強く）信じる，〜を心の拠り所にする
suddenly：突然
not half：半分にも満たない
the man I used to be：かつての（男としての）自分
a shadow hanging over me：私の上に垂れ込める影

《Yesterday》

from the Album *Help!* / Billboard #1 single, 1965

Solo Vocal: Paul McCartney

Yesterday, all my troubles seemed so far away,
Now it looks as though they're here to stay,
Oh, I believe in yesterday.

Suddenly, I'm not half the man I used to be,
There's a shadow hanging over me,
Oh, yesterday came suddenly.

Why she had to go
I don't know, she wouldn't say.
I said something wrong,
Now I long for yesterday.

Yesterday, love was such an easy game to play,
Now I need a place to hide away,
Oh, I believe in yesterday.

why she had to go：なぜ彼女は去っていかねばならなかったか（を）
　＊次行の I don't know, she wouldn't say の両方からつながる。
she wouldn't say：言おうとしなかった（wouldn't は過去の意志）
said something wrong：何か間違ったことを言った（語順に注意）
long for yesterday：「昨日」を切に求める
（such）an easy game to play：演じるのが（あんなに）簡単なゲーム
a place to hide away：隠れ離れるための場所，身を隠す場所

■対句 couplet

☆対句（couplet）とは，同数の音節，同じ歩格で韻を踏む 2 行をいう。
☆《Yesterday》は，「昨日」と「今」とを対句の形式に並べ，対比しつつ嘆く歌。

歩格	[強	弱]	[強	弱]	[強	弱]	[強	弱]	強
							Yes	-ter-	day
	All	my	trou	-bles	seemed	so	far	a-	way.
	Now	it	looks	as	though	they're	here	to	stay.
	Love	was	such	an	ea	-sy	game	to	play
	Now	I	need	a	place	to	hide	a-	way

各行同じ韻律で，最後の音を［ei］で揃え，まず「昨日」を過去形で，続いて「今」を現在形で歌っている。

Verb Analysis

■見えた様子をいう seem / look

☆「見える」「思える」に直接つながる言葉は〈何〉ではなく〈どう〉。
object ではなく，be 動詞同様に「補語」をとる。

S	V	C	
You	are	worried.	君は心配している。
You	look	worried.	君は心配そうな顔をしている。
The bug	seems	dead.	その虫は死んでるようだよ。

＊C が「like ＋名詞」の場合

You	look	like a princess.	王女様みたいに見えるよ。
The party	seemed	like fun.	パーティは楽しそうだった。

＊seem は「to 不定詞」にも直結

You seem to have troubles.　いろいろトラブルがあるようだね。

＊「まるで～のよう」―― as though 節，as if 節
as though や as if のついた節が後につく。

You look as though you've seen a ghost.
幽霊を見たみたいな顔をしてるよ。

It looks as if there's a ghost in here.
中に幽霊がいるみたいに思える。

＊It looks as though（またはくだけて It looks like，さらにくだけて Looks like）を文頭につければ「～みたいだ」という意味が加わる。

Looks like you guys are having fun.　みんな楽しそうだね。

Exercise 13-1　〈ヴァース 1〉を歌いましょう。

☞注意点

①最初の Yesterday を音程をはっきりさせず，しゃべり出すように歌う。

② troubles は，［trʌ́-b(ə)l］です。2 音節。t と r は同時発音。

③次の 6 音節でもたつかないように。2 音節ごとに，それぞれ一語のように発音するとよい。

1	2	3	4	5	6
Now	it	looks	as	though	they're
［náʊə'］		［lʊ́ksəz］		［ðóʊðər］	

④ though［ðoʊ］they're［ðər］の 2 音節がどちらも［ð］の音で始まる。［ð］は［z］でも［d］でもない。舌先が上の歯に触れる。あるいは舌先を噛む。

■脚韻（end rhyme）

3 つのヴァースで最後の音を揃えているというだけでなく，最後の 3 つの音節が，韻律的にもきれいにマッチしている。

verse 1	verse 2	verse 3
［ei］	［iː］	［ei］
Yes-ter-**day**	S**ud**-den-**ly**	**Yes**-ter-**day**
far a-**way**	**used** to **be**	**game** to **play**
here to **stay**	**o**-ver **me**	**hide** a-**way**
yes-ter-**day**	**sud**-den-**ly**	**yes**-ter-**day**

■中間韻（internal rhyme）

☆《Yesterday》のサビの部分は，行末だけでなく，行の途中でも音を揃えているところが多い。これらを，行末の「脚韻」に対して，「中間韻」と呼ぶ。

		高音強調の３音			中間韻			脚韻
Why	she	**had**	**to**	**go**	[oʊ]			
		I	**don't**	**know**	[oʊ]	she wouldn't **say**		[ei]
I	said	**some-thing**		**wrong**	[ɔːŋ]			
		now	I	**long**	[ɔːŋ]	for	yester- **day**	[ei]

Exercise 13-2　サビの部分を歌いましょう。

☞注意点

＊“had to go,”“I don't know,”“she wouldn't say”に憂鬱な思いをにじませる。

＊“something wrong,”“now I long”で悲嘆の情を全開にする。

■文要素の倒置

サビの最初のセンテンスは，

O	**S**	**V**
why she had to go	I	don't know
	she	wouldn't say

で，動詞 know や say の対象である「why 節」が前置されている。このような倒置によって，文の一部を照射し強調する方法は，よく用いられる。

＊日本語では助詞の「は」が使われるが，英語にはその種の，文中の一部の語句をハイライトする基本的な小辞がない。

O	S	V	
The red ones	I	've thrown away,	
赤いのは		捨ててしまったが,	

O	S	V	adv
but the green ones,	I	have	here.
緑のは		ここにある。	

■something wrong

☆something, anything, nothing に形容詞がつく場合 N－A の語順に。

something wrong：何か間違ったこと

some wrong things：いくつかの間違ったこと

限定詞

☆冠詞以外にも，名詞の前について，その存在様態や数量を示す一連の言葉があり，それらをまとめて「限定詞」と呼ぶ。

〈例〉 some people, any person, no dogs, a few cups of coffee, thousands of things

☆一部の限定詞は，thing と一体化して次の基本語をなしている。

something：（何なのか定まっていない）何か

anything：（何でもいい，とにかく）何か

nothing ＝ not anything：何でもない非存在，無

everything：（ことごとく）何でも

not everything：すべてが～ではない（部分否定）

☆以下の使い分けも重要。

the thing：（何だか・どれだかわかっている，その）物事。代名詞 it で受ける。

a thing：（任意のひとつの）物。代名詞 one で受ける。

強調すると one thing になる。

such a thing：そのような物

the only thing：唯一の物

例文

Did you find something interesting?

何か面白いもの，見つかりました？

No, everything I looked at was boring.

いや，私が見た物はことごとく退屈でした。

There was nothing that looked good.

よさそうなものは一つもなかったよ。

The（only）thing that looked good was you.

格好がよかったのは君（だけ）だった。

Exercise 13-3　（　　）の中に something, anything, nothing のうちいずれかを入れて言いなさい。

(1) 何か悪いことが起こりそうな気がするんだ。

I feel as though（　　　　）bad is going to happen.

(2) 心配するな。何も悪いことは起こらない。

Don't worry.（　　　　）bad will happen.

(3) そう？　こんな日は，何だって起こりそうに思えるよ。

Oh? It looks as though（　　　　）can happen on a day like this.

■動詞の連体修飾

☆動詞から派生した現在分詞・過去分詞は，名詞を修飾できる。すなわち，機能的には動詞ではなく，名詞との間に A-N の関係をつくる。

a crying baby　泣いている赤ちゃん
a hidden clue　隠れた（隠された）手がかり
*hidden は hide の過去分詞。

☆「to 不定詞」による修飾は後ろから。2 語以上の分詞句も同様。

N — **A** [to-V]	a dog to buy	これから買う犬
N — **A** [V-ing]	a dog wagging its tail	尻尾を振っている犬
N — **A** [V-ed]	a dog held in my arms	私の腕に抱かれた犬

☆それぞれの言い方が，時間との関わりを明らかにしている。

○名詞＋不定詞（これからすべき事）
a game to play　演じるべきゲーム
a place to hide away　隠れ場所（まだ隠れていなくてよい）

○名詞＋現在分詞（今進行中）
a shadow hanging over me　僕に覆いかぶさっている影

○名詞＋過去分詞（すでに起きた→結果の状況）
a bird caught in the net　網につかまった鳥
*caught [kɔːt] は catch の過去分詞。

Exercise 13-4　与えられた動詞の原形を「to 不定詞」か「現在分詞」か「過去分詞」にして，（　　）の中に適切に収めなさい。

(1) 私に言うことはないんですか？（say）
Don't you have something（　　　　）to me?

(2) これらはみんな飼い主に捨てられた犬なんです。(throw)
All of these are dogs（　　　　）away by their owners.

(3) 空を飛んでいる物体が見えますか？（fly）

Can you see an object（　　　　　）in the sky?

■not half：半分もない

☞比較表現をいくつかまとめて学習します。

○形容詞の比較級＋ than

The Beatles were **bigger than** any other band.

ビートルズは他のどのバンドよりビッグだった。

They had **more fans than** their rivals.

ライバルたちより多くのファンがいた。

○as 〜 as：同等の比較

They were **as popular as** any other band in the history of music.

彼らは音楽の歴史の中で，他のどんなバンドと比べてもひけをとらない人気があった。

They were **twice as popular as** the next popular band in their day.

当時，二番目の人気バンドより，倍も人気があった。

The other groups were **not half as popular as** the Beatles.

他のグループはビートルズの半分の人気もなかった。

○half ＋比較対象

half the size of this / half this size　これの半分のサイズ

I'm not half the man I was then.

今の自分はあのときの自分の半分に満たない。

■used to be

☆used to の used は動詞 use の過去形ではなく，2 語で一つの助動詞と考える。過去の常態や習慣をいう。

I used to eat miso soup with a spoon.

以前私はスプーンで味噌汁を食べていた。（過去の常態）

＊I ate miso soup with a spoon.

（ある時）スプーンで味噌汁を食べた。（語られる出来事）

He used to be a cheerful man.	彼も前は陽気な男だった。
the man he used to be	以前の彼がそうであったような男 ＝昔のままのあいつ

Exercise 13-5 次の文の意味を言いなさい。

（1）I'm now half as heavy as I used to be.

（2）When he smiled, she could see the man he used to be.

Let's Sing

Exercise 13-6 放送で流れる伴奏に合わせて，《Yesterday》を歌いましょう。

いびつな歌？

“Yesterday” は世界のポピュラー音楽史上，最も成功した歌のひとつである。何千というカバー・バージョンが出て，テレビやラジオで何百万回もプレイされた。これ一曲で何十億円という著作権収益を生み出したというデータもある。しかしこの歌，典型的なポピュラーソングではない。楽曲としての作りを見ていくと，斬新というか，収まりがよさそうにはとても見えないのだ。

一つのヴァースが 8 小節でなく 7 小節。曲の頭の “Yesterday” が，いささか半端な形で置かれ，2〜3 小節めと 4〜5 小節めが，リズムの等しい対句となるのだが，“All my troubles seems so far away” と “Now it looks as though they're here to stay” とでは音階が異なって聞こえる。というのも，曲全体は長調の感じがするのに，All my troubles . . . で（ファとソに # がついた）旋律短音階のように上昇するのだ。

いやコーラスの部分は長調であっても，ヴァースは違うのかもしれない。数カ月後にジョンが書いた《Norwegian Wood》に先駆けて，ポールは西洋の調性からの逸脱を試みたのかもしれない。サビの終わりの高い音を「ド」とすると，始まりは「レ」，終わりは「ミ」。いや，それも正しくなく，ポールの歌をちゃんと聞くと，最初の Yesterday を「レド」ではなく，非音程化してしゃべるように歌っている。

この課では《Yesterday》の歌詞が，いかに韻律の規則に沿ってできているかをチェックした。歌ってみるとすごく収まりがいいこの歌。楽譜にしてみると，いろいろ「いびつ」になる。高みから眺めた論理の秩序からはみ出しながら，身体と感情の現実にはスーッと収まる――《Yesterday》も，そんなビートルズ特有の「うたの文法」が透けて見える作品だといえそうだ。（*ys*）

Session 14 Taxman

——ビートルズ的風刺と諧謔——

《Yesterday》あたりから趣を変えてきたビートルズの歌詞は，その1年後に登場した『リボルバー』で大きく展開します。《Eleanor Rigby》のような成熟した物語を語るようになったポール，《Tomorrow Never Knows》でサイケデリックな宇宙に漂い始めたジョン。その二人を押さえ，A面第1曲めで鳴り出すのが，インド楽器にも習熟し，歌作りにも磨きがかかった23歳のジョージの曲でした。恋の歌から踏み出したビートルズの新境地を覗いてみましょう。

ポイント
◎漠然としたit
◎見かけと現実（appearの用法）
◎「no＋名詞」を使った否定文
◎ Beで始まる命令文
◎「～する人」those who . . .

■words & phrases

Let me tell you：教えてやろう
how it will be：どうなるか
one for you, nineteen for me：あんたに1，私に19（配分の割合）
Should ～：もしも（万一）～なら
appear too small：あまりに少なく思える
be thankful：感謝しなさい
take it all：全部持っていく
get too cold：寒くなりすぎる，寒すぎると感じる
take a walk：散歩をする

《Taxman》

Revolver, 1966

Lead Vocal: George backed by John and Paul

Let me tell you how it will be:
There's one for you, nineteen for me.
'Cause I'm the Taxman,
Yeah, I'm the Taxman.

Should five percent appear too small,
Be thankful I don't take it all.
'Cause I'm the Taxman,
Yeah, I'm the Taxman.

(If you drive a car) I'll tax the street,
(If you try to sit) I'll tax your seat,
(If you get too cold) I'll tax the heat,
(If you take a walk) I'll tax your feet . . .
Taxman!

■させてよ……〈Let me ＋動詞原形〉

＊さまざまな状況でさまざまに使われる。

Let me whisper in your ear. →依頼（Session 2）

Let me carry your suitcase. →申し出

そのスーツケース，私に持たせてください。

Let me tell you. いいかね。 →忠告や苦言（が続く）

＊tell は「一方的な通達」を含意する「きつい」言葉であることに注意。ask（相手の意向をたずねる）と対照される。

I'm not asking you, I'm telling you.

お願いしてるんじゃない，やれと言ってるんだよ。

空欄を埋める it

歌詞の最初の行 Let me tell you how it will be. の it は何を指しているのでしょう。正解は Nothing。何も指していません。代名詞 it の働きは「明確化しにくいことを明確化せずにすませる」点にあります。そこが「指示代名詞」の this や that と異なるところです。

how it will be という節を日本語に訳すとすると，「どうなるのか」。――主語なしですみます。しかし英語では，“how ～ will be”の ～ の位置に，必ず主語が要求される。

しかしすべての文，すべての節，すべての SVX 構造で，S を明確に意識しなくてはならないとしたら負担です。とにかく it を置いておけば文になるのならそれでいい――というのが英文法の考え方です。

主語だけではなく，他動詞の目的語にも，形式的な it が使われる

ことがあります。「ここはいかがですか？（気に入りました？）」に当たる英語は，

How do you like it here?

「ここに暮らすのはきついとわかりました」と答えるなら，

I found it hard to live here.

like も find も他動詞なので「～を」の部分を，意味のない it で埋めて，文の意味（構造的理解）が崩れるのを防いでいるわけです。

■唯一無二のものを示す the

☆the Taxman はただの「税務署員」ではない。定冠詞 the がつき，大文字で始まっているところは the Batman と同等で，この世に一人の「課税マン」なる存在を想像させる。

☆固有名詞にも慣例的に the をつけるものがよくある。

the Sanriku Coast	三陸海岸
the Kitakami River	北上川
the Pacific Ocean	太平洋

■補語をとる動詞 appear

☆現実 reality に対して「見かけ」は appearance。その元になる動詞 appear は，単体の自動詞としては「現れる」という意味だが，補語の形容詞をとると，前セッションで検討した動詞 look や seem と同様の意味を帯びる。

S	V	C	adv
The amount	is	big,	actually.
額は		大きいよ,	本当は。
It	only appears	small.	
	ただ　見えるだけ,	小さく。	

■条件節をつくる should

Should five percent appear too small,

もし5%じゃ小さすぎるようでしたら

＊should は条件節の中で，本来は，ありそうもないことを仮定するときに使う助動詞

If it should rain tomorrow,　万一雨なら／たとえ雨でも

＊しかし日本語の「万一」と同様に，実際は軽く使われる。倒置形にして if を落とすことが多い。

Should it rain, we can play inside.　たとえ雨でも中で遊べる。

Should you need assistance, just call us.

お手伝いできることがあれば，お電話ください。

Should you need a love that's true, it's me.

真実の愛が必要になったら，僕だからね。

■Be 動詞の命令形

Be thankful.　感謝しなさい。

＊〈be 動詞の原形（命令法）＋形容詞〉で，感謝の気持ち（形容詞）を要求している。

☆否定の命令文は，Don't be で始める。

Don't be that way.　そういうふうにするの，やめて。

Exercise 14-1 英語で言いなさい。

(1) 人にはいつもやさしく (nice) してね。

Always (　　　　　) (　　　　　) to others.

(2) 少年少女よ，野心的 (ambitious) であれ。

Boys and girls, (　　　　　) (　　　　　).

(3) おバカ (silly) であるな (バカな真似はしないで)。

Don't (　　　　　) (　　　　　).

Exercise 14-2 ブリッジの 8 小節を抜き出してみました。これに加えて，Taxman からの要求を，あと 6 つ口にしてみましょう。

If you drive a car, I'll tax the street,
If you try to sit, I'll tax your seat,
If you get too cold, I'll tax the heat,
If you take a walk, I'll tax your feet.

(1) お湯を浴びる (take a bath) なら石けん (your soap) に課税する。

If you ________________, I'll ________________.

(2) 眠る (go to sleep) ならあんたの夢 (your dream) に課税してやる。

If you ________________, I'll ________________.

(3) あなたの子供が遊ぶ (your children play) なら，ゲーム (their games) に税金かけますぞ。

If ____________________, I'll ________________.

(4) あなたが呼吸しようとする (try to breathe) なら空気 (the air) を課税対象にする。

If you ________________, I'll ________________.

(5) 私から逃げる（run from me）なら，あんたの脚（your legs）に課税して，

If you ________________, I'll ________________, and

(6) 妙な考えを起こす（get too smart）とあんたの頭（your head）に課税してやる。

if you ________________, I'll ________________.

Listen 《Taxman》の verse 3 と verse 4

Don't ask me what I want it for (Ah-ah Mr Wilson!)
If you don't want to pay some more (Ah-ah Mr Heath!)
'Cause I'm the Taxman, Yeah, I'm the Taxman.

Now my advice for those who die, (Taxman!)
Declare the pennies on your eyes. (Taxman!)
'Cause I'm the Taxman, Yeah, I'm the Taxman,
And you're working for no one but me.

■words & phrases

what I want it for：なぜ（何のために）要求しているのか

if you don't want to：～したくなければ

pay some more：この上さらに支払う

advice for those who die：死んでいく人への忠言

declare：申告する

the pennies on your eyes：「三途の川」（ヨーロッパ文化圏では the River Styx）を渡るのに必要な「六文銭」に相当。死者の目の上に載せる習慣があった。

working for：～に仕えて働いている

no one but me：私以外の誰でもない

■疑問詞節の復習（→ p. 56）

I don't know **why** you say goodbye.

わからない――なぜ君がグッバイを言うのか。

I don't know **what** she's getting at.

わからない――彼女が結局何を言いたいのか。

I don't know **what** I want. ――自分で何がほしいのか。

I don't know **what** I want it **for**. ――それを何のためにほしいのか。

Don't say you don't know what you want it for.

何のためにほしいかわからないなんて言わないで。

You need your money for your future.

あなたは自分の将来のためにそのお金が必要なんです。

Yes, that's what you need your money for.

そうです，そのためにあなたはお金を必要としてるんです。

Exercise 14-3 「what 節」や「where 節」を入れて，全文を言ってみよう。

(1) 君に何が見えるか言ってごらん。
Tell me (　　　　) (　　　　) (　　　　).

(2) さあ目を見開いてごらん。君に見えるのは僕だよ。
Open up your eyes now. What you see (　　　　) (　　　　).

(3) やりたいことをやれよ。向かっているところに行けばいい。
Do (　　　　) you want to do. Go (　　　　) you're going to.

■those who . . .

☞what you want に類する言い方をいろいろ展開してみよう。どれも（〜が〜する物／者）という意味を持ち，the ones と those は，基本的に交換可能です。

① **the fruits** (that) you like　君が好きな果物
② Choose **any fruit** you like.　どんな果物でもいいから選んで。
③ Pick up **the one** you like.　好きなのを（一つ）手に取って。
④ Put **the ones** you've picked in the basket.
選び取ったやつを籠に入れて。
⑤ **Those** in the basket are **the ones** you've chosen.
籠の中に入っているのは，あなたが選んだやつです。
⑥ **Those who** didn't choose anything, please step forward.
何も選ばなかった人は，前に出てください。
⑦ Take these for **the ones** you love.
これらをあなたが愛する人たちのためにお持ちください。
⑧ Now my advice **for those** who die.
Declare the pennies on your eyes. ――《Taxman》

■no one but me ――名詞句による否定文

☆「no」を含む名詞句によって文全体を否定することができる。

① I picked up no apples.　私はリンゴは一つも手に取らなかった。

＝ I didn't pick up any apples.

② Nobody was surprised.　誰も驚かなかった。

Exercise 14-4　英語で言いなさい。

(1) She died in the church and was buried along with her name, but (　　　　　) came.

彼女は教会で亡くなり，名前と一緒に埋葬されたが，訪れる人はなかった。

(2) (　　　　　)'s gonna change her mind.

彼女の心は何物によっても変えられないだろう。

(3) (　　　　　) ever loved me like she does.

誰ひとり，今の彼女のようには俺を愛してくれなかった。

(4) Let me take you down to where (　　　　　) is real.

すべてがリアルでないところへ君を連れていかせてほしい。

タックスマン・ミスター・ウィルソン

《Taxman》で実名で揶揄されているのが，当時の英国首相ハロルド・ウィルソンと，野党に下った保守党党首で，ウィルソンの次に首相になるエドワード（テッド）・ヒースです。労働党は，ビートルズが世界的なブームとなった年（1964 年）の総選挙で 13 年ぶりの勝利を収めました。この時のことを，ジョン・レノンが彼の 2 冊めのイラスト入り滑稽本 *The Spaniards in the Works* に書いています。

Azue orl gnome, Harassed Wilsod won the General Erection, with a very small marjorie over the Torchies. Thus pudding the Laboring Partly back into powell after a large abcess.

（John Lennon, *The Spaniards in the Works*, 1965）

Azue orl gnome は声に出して読んでみると As you all know ということらしい。ウィルソンに近い名前のこの人は，どうも虐められて（harassed）いるようですが，General Election（総選挙）ならぬ「一斉の erection」で極めて僅差で（with a very small *margin*）勝利したらしい。（保守党は Torchies ではなく the Tories と呼ばれます。一方の労働党は the Labor Party ですが，ジョンにかかると「お産の最中 Labouring」の党になってしまう）。今の部分を，私なりに訳させてください。

すでにお奇々およびのように，先の英国総蹲踞（ソンキョ）においてハラスト・ウィルソッド率いる郎党党が干す党を鼻の棹でおさえ，まらにみる金さんの勝利をつかみました。実にひさりぶりの正拳腹筋であります。

うまく真似られているかどうか心もとないですが，アイドル時代もこんな文章を出版していたジョンの性向が一部でも伝わったでしょうか。ジョンに向かって背伸びしていたと思しき若いジョージも，その風刺感覚には感化されたようです。ジョージというと，後年は東洋思想風の歌詞や，《Something》のような耽美的な歌が目立ちますが，『ホワイト・アルバム』では《Piggies》や《Savoy Truffle》など，マイナーながら，風刺や諧謔の味わいに満ちた曲を発表しています。

Session 15 Lucy in the Sky with Diamonds

――空を舞う想像力――

その革新性と冒険心と完成度の高さとにより，ロック・ミュージックに限らず，1960年代の若者文化を代表する芸術表現の一つとして，アルバム *Sgt. Pepper's Lonely Heart's Club Band* は祝福されてきました。国境を越え，一つの世代を同じ幸福感で包む。そういうことが，まだ新鮮な驚きをもたらした時代に生まれた幻惑的な調べをもって，「ビートルズ de 英文法」の講義と演習を締めくくりたいと思います。

ポイント ◎ダクティル格　◎英語の語順とリズム
◎「連体」と「連用」　◎名詞句に連結させるいくつかの型
◎関係詞 where

■歌詞の意味

★Verse 1 and 2

picture yourself：自身（の姿）を思い描く

with tangerine trees and marmalade skies：タンジェリンの木とマーマレードの空と一緒に（「空」はしばしば skies と複数形をとる）

a girl with kaleidoscope eyes：万華鏡の目をした女の子

cellophane［séləfèin］：セロファン

towering over your head：君の頭上にそびえる

look for ～：～を探す

the girl with the sun in her eyes：目の中に太陽がある少女

she's gone：その子は消えてしまった

《Lucy in the Sky with Diamonds》

Sgt. Pepper's Lonely Heart's Club Band, 1968

Lead Vocal by John, with Paul and George singing harmony

Picture yourself in a boat on a river
With tangerine trees and marmalade skies.
Somebody calls you, you answer quite slowly,
A girl with kaleidoscope eyes.

Cellophane flowers of yellow and green
Towering over your head.
Look for the girl with the sun in her eyes,
And she's gone.

Lucy in the sky with diamonds . . .

Follow her down to a bridge by a fountain
Where rocking horse people eat marshmallow pies.
Everyone smiles as you drift past the flowers
That grow so incredibly high.

Newspaper taxis appear on the shore
Waiting to take you away.
Climb in the back with your head in the clouds,
And you're gone.

Lucy in the sky with diamonds . . .

■歌詞の意味

★Verse 3 and 4

follow her down to . . .：～へと彼女を追っていく

a bridge by a fountain：泉のわきの橋

where：a bridge by a fountain を受ける関係詞。「そこでは」

rocking horse people：揺り椅子人間（想像の産物）

as you drift past the flowers：花々を通りすぎ漂っていくと

that：the flowers にかかる関係詞。

grow so incredibly high：とても信じられないほど高く育つ

newspaper taxis：新聞（紙）のタクシー（複数）

appear on the shore：川岸に現れる

waiting to take you away：君を連れ去ろうと待っている

Climb in the back and you're gone：後部に乗り込むと君は消える

■強弱弱の歩格

☆《Lucy in the Sky with Diamonds》の詞の韻律は「ダクティル」と呼ばれる［強弱弱］の歩格（→ p. 32）

♩	♩	♩	♩	♩	♩
PIC-	ture	your-	SELF	in	a
BOAT	on	a	RIV- ⇐	er	with
TAN-	ger-	ine	TREES	——	and
MAR-	mal-	ade	SKIES	——	——

＊アルバム録音バージョンで，ポールの弾くベースの音が入る位置が表の強拍に重なることが確認できる。

＊“Riv-er with” のところは，［♩ ♩ ♩］ではなく，［♪♪♪𝄾 ♩］のように歌われる。

Exercise 15-1　上の表にならって “Somebody calls you” で始まるラインを拍ごとに表記しなさい。音節の切れ目は次のようになっています。

Some-bo-dy calls you, you an-swer quite slow-ly,

A girl with ka-lei-do-scope eyes.

強	弱	弱	強	弱	弱

■リズムと英文法

☆《Lucy in the Sky with Diamonds》の詞は，1音節の単語を多用することで，in a boat や on a river という英語的な単語の連なりを，ダクティルの韻律づくりに活かしている。

動詞	空間詞	限定詞	名詞
	in	a	BOAT
	on	a	RIVer
LOOK	for	the	GIRL
	with	the	SUN
	in	her	EYES

■連体修飾と連用修飾

☆日本語では名詞（体言）を修飾する形容詞句と，動詞など（用言）を修飾する副詞句とでは，形が異なる。(→ p. 73)

	名詞への接続（連体）	**動詞への接続（連用）**
動詞	ソファに座った男	ソファに座っている
形容詞	きつい把捉	(僕を）きつくつかむ
助詞	北海道の女	北海道に住む

☆上の日本語のフレーズを訳してみると，英語では「連用」と「連体」の別が明確でないことがわかる。

	名詞への接続	**動詞への接続**
動詞	a man sitting in a sofa	(is) sitting in a sofa
形容詞	a tight hold	holds (me) tight(ly)
前置詞	a woman in Hokkaido	lives in Hokkaido

■英語の「連体修飾」

○「空間詞」のついた句を，名詞の後に。

	N	A（空間詞＋名詞句）
川面に浮かぶボート：	a boat	on a river ＊on は接面のつながりを示す。
万華鏡の目をした女の子：	a girl	with kaleidoscope eyes ＊with は所有，付着を示す。
泉のそばにある橋：	a bridge	by a fountain ＊by は近接な位置関係を示す。

○名詞句に動詞の活用形（分詞，to 不定詞）をつける

これからやってくる事　　things to come

遠く過ぎ去った時代　　times long gone

君の頭の上にそびえる黄色と緑のセロファンの花

Cellophane flowers of yellow and green towering over your head

A　N

N　A

N　A

＊Cellophane と flowers の間に A−N の関係があり，両者がつくるより大きな N と of を介して yellow and green が N−A の関係をつくる。さらに towering（「塔のようにそびえる」という意味の動詞 tower の現在分詞）が，先行する 6 語から成る N を修飾し，10 語から成る名詞句に統合されている。

○with ＋付帯状況

☆付帯状況をつくる二つの要素は｛s－c｝の関係をなす。

the girl　with　{the sun ~~is~~ in her eyes}

女の子　↔　太陽が目の中にある

＊with｛s－c｝の形をした「付帯状況」は，動詞句にも接続する。

climb in the back　with　{your head ~~is~~ in the clouds}

後ろに乗り込む　↔　君の頭は雲の中

○名詞＋関係節

the flowers　that　grow so incredibly high

花々　←　信じられないほど高く育つ

the flowers　（that）　I gave to my friend

花々　←　私が友にあげた

Exercise 15-2　空欄に入る単語を［by, with, that, fixing］の中から選んで書き入れなさい。

(1) 窓辺にいる少女　a girl（　　　）the window

(2) 穴を修繕している男　a man（　　　）a hole

(3) 逆立ちができる犬　dogs（　　　）can stand on their forelegs

(4) 自動車を持っている銀行家　a banker（　　　）a motorcar

■英語文における強弱のメリハリ

《Lucy in the Sky with Diamonds》の行内で，［with the SUN］［in her EYES］のような，弱弱強のリズムをつくるフレーズが，ダクティルの韻律をつくるのに活用されていた。

☞類例との比較のため,《Yellow Submarine》のいくつかの行を検討しよう。

《Yellow Submarine》

Revolver, 1966; UK #1 single

written by Paul and John, sung by Ringo

In the town where I was born,
Lived a man who sailed to sea,
And he told us of his life,
In the land of submarines.

So we sailed on to the sun,
Till we found the sea of green,
And we live beneath the waves,
In our yellow submarine.

We all live in a yellow submarine,
Yellow submarine, yellow submarine . . .

＊下の表で，しっかりと聞き取るべき情報が大文字の単語に集中していることに注意しよう。

中・弱	**強**
タンタ	ターン
IN the	TOWN
	町には
LIVED a	MAN
男が住んでいた	
AND he	TOLD
そして彼は話してくれた	
IN the	LAND
国の中の	
SO we	SAILED
それで，出帆したのさ	
TILL we	FOUND
やがて見つけた	
AND we	LIVE
僕らは今住んでいる	
IN our	YEL-low
僕らの黄色い	

弱・中・弱	**強**
タ タン タ	ターン
where I was	BORN
←僕が生まれた	
who SAILED to	SEA
←海を航海する	
us of his	LIFE
彼の暮らしについて	
of SUB-ma-	RINES
←潜水艦の	
on to the	SUN
太陽に向かって	
the SEA of	GREEN
緑の海を	
be-NEATH the	WAVES
波の下に	
sub-ma-	RINE
潜水艦	

英語で考え，英語を無理なく聞き取るために

《Yellow Submarine》の歌詞を図解した左図では，日本語で思考する学習者のために，修飾関係を示す矢印（←）をつけていますが，こういう漢文の返り点のようなものは，できればなくしたいものです。英語的な情報伝達の順番（→）に慣れていけば，こういう補助は必要なくなるでしょう。また，そうならないうちは，流れる英語をうまく耳で聞き取ることも難しいでしょう。

英語を聞き取る上で欠かせないのが，ちょっと高度ですが，リズムに感応する，ということです。左の図表にも明らかな通り，英語ははっきり発音される言葉と，あいまいに早く発音される言葉が互いに支え合いながら――韻文では規則的なリズムを作って――文を作っていく言語です。「英語を聴いてわかる」とは，すべての単語に均等に耳を傾けるということではなく，上記の小文字の部分（弱く早く発音され，文法機能を果たす，定型の言葉）には労力を割かず，大文字の言葉（はっきりと伝えられるべき名詞や動詞）をしっかり意識して聞き取るということに他なりません。

■関係詞による連結

N		A
the town	——	**where** I was born ……①
町		（そこで）僕が生まれた
the town	——	**that** I often visited ……②
町		（それを）僕がよく訪ねた

＊同じ「町」でも①は空間として，②は対象（動詞 visit の object）として意識されている。

＊②では，that の代わりに which も使われる。何もつけなくても，"I often visited" が修飾句だと認識されるならそれでよい。

＊空間詞 to や関係詞 where を頼りに，長い文の情報をキャッチできるようになっていこう。

Follow her **down to**（→どこへ？　句につながる）
a bridge by a fountain **where**（→そこで？　節につながる）
rocking horse people eat（→何を？）
marshmallow pies.

Exercise 15-3　who, what, where のいずれかを（　　）に入れなさい。

(1) あなたは誰を追いかけて，とある泉のそばの橋まで行くのですか？

（　　　　　）do you follow down to a bridge by a fountain?

＊次のように答えるとして，（　　）を正しく埋めなさい。

万華鏡の目をした女の子です。

A girl（　　　　　）has kaleidoscope eyes.

(2) 泉のそばの橋のところには誰がいますか？

(　　　　　) is there at the bridge by a fountain?

＊次のように答えるとして，(　　) を正しく埋めなさい。

マシュマロパイを食べる揺り木馬の人たちです。

Rocking-horse people (　　　　　) eat marshmallow pies.

(3) あなたはどこに自分を思い描きますか？

(　　　　　) do you picture yourself?

＊次のように答えるとして，(　　) を正しく埋めなさい。

タンジェリンの木が生育する川に浮かぶボートの中です。

In a boat on a river (　　　　　) tangerine trees grow.

随想 "John Lennon Is Dead"

大橋理枝

1980 年 8 月から 1 年間，私たちの家族はアメリカ東部の Baltimore という都市に住むことになった。日本を出る前に多少英語を習って行ったはずであるにもかかわらず，アメリカに着いたときに私が言えたのは "Hello." "How do you do?" "Thank you very much." "Goodbye." の 4 言だけ。こんな状態で幼稚園から高校まである小さな私立の女子校に行き始めたため，最初の 4 カ月はほぼ何もしゃべら（しゃべれ）なかった。当然授業についていけるはずもなく，リーディングの時間にはそのコマが空き時間になっていた高校生が来てくれて，取り出し授業の形を取って幼児用のワークブックなどをやっていた。また，教科書は個人の所有物ではなく，教室の備品として共用することになっていたが，私だけ特別に英語と歴史の教科書を持ち帰らせてもらい，授業があった日の夜に母に内容を説明してもらっていた。言語は身の周りの状況を整理する手段であるとはよくいったもので，アメリカで生活し始めて 4 カ月ほど経った頃の私は，話すことはできなくても，英語で事が進んでいる身の周りの状況について精一杯勘を働かせて辻褄を合わせ，その勘が正しかったかどうかを現実に照らして確認するような毎日だった。

そんな中，ある程度定期的に出ていたホームルームの宿題が，前の日のニュースから自分が重要だと思ったことを調べてきて翌日クラスで発表する，というものだった。担任の先生は当時の私がこの宿題を満足にできるとは期待していなかっただろうが，それでも私はある日の深夜にこの宿題をやるためにテレビのニュースを一生懸命見ていた。そして，どうにか理解できた内容を母に報告した。「ジョン・レノンという人が殺されたらしいよ。」

私たちが取っていた新聞の 1980 年 12 月 9 日の 1 面の見出しには “John Lennon slain outside home” とある。この新聞の見出しは，私も読んでいたはずだ。また，ABC の Nightline をはじめとする当時のニュースで，“John Lennon has been shot and killed” “John Lennon was shot” “John Lennon is dead” などの言葉を何度も聞いたであろうことは想像に難くない。

“John Lennon is dead” は形容詞である dead を補語に取る三人称単数現在形の be 動詞文，“John Lennon was shot” は be 動詞の三人称単数過去形と shoot の過去分詞形が使われている受け身の文，“John Lennon has been shot” はその was を have の三人称単数現在と be 動

THE SUN

VOL. 288—NO. 20—F BALTIMORE, TUESDAY, DECEMBER 9, 1980 50 pages •••15 CENTS FINAL

John Lennon slain outside home

Wife saw ex-Beatle shot down; man held

From Wire Services

New York—Former Beatle John Lennon, who with the long-haired British rock group was catapulted to stardom in the 1960s, was shot to death last night outside his luxury apartment building on Manhattan's Upper West Side, police said.

Authorities said Mr. Lennon, 40, was rushed in a police car to Roosevelt Hospital, where he was pronounced dead shortly after arriving.

Doctors said he received seven severe wounds in his chest, back and left arm, but they did not know how many bullets had hit Mr. Lennon. Dr. Stephen Lynn said, "I am sure he was dead [very shortly after] when he was shot."

Police said the shooting occurred outside the Dakota, the century-old apartment house across the street from Central Park where Mr. Lennon lived in virtual seclusion with his wife, Yoko Ono, and son Sean, 5.

Sgt. Robert Barnes of the 20th Precinct said Mr. Lemon was shot in the back twice after getting out of a taxicab and walking into the Dakota.

"Obviously the man was waiting for him," said Sergeant Barnes, referring to an unidentified man who has been taken into custody. The suspect was called a "screwball." There was no apparent motive to the shooting.

The suspect was described by one witness as a man about 30 to 40 dressed in a white shirt and brown pants.

Lt. John Schick said he expected the man, who the officer said was in his mid-20s, to be held through the night. He said police were being careful with the case.

About 300 people gathered outside the entrance to Dakota, many of them weeping.

Jack Douglas, Mr. Lennon's producer, said he and the Lennons had been at a studio called the Record Plant in midtown earlier in the evening and that Mr. Lennon left at 10:30 p.m. Mr. Lennon said he was going to get a bite to eat and go home, Mr. Douglas said.

Neighbors said the musician was emerging from the Dakota with Yoko Ono at about 11 p.m. when a gunman dashed out from 72d street and fired several shots at Mr. Lennon through the front gate.

JOHN LENNON AP

Yoko Ono is aided by police as she leaves Roosevelt Hospital in New York after the death of her husband, John Lennon. AP

A neighbor identified only as "Nina" said she heard Yoko Ono scream "Help me," and saw Mr. Lennon lying on the ground.

"He looked pretty bad. He was unconscious," the woman said.

A bystander, Sean Strub, said he was walking south near 72d street when he heard four shots. He said he came around the corner to Central Park West and saw Mr. Lennon being put into the back of a police car.

"Some people they heard six shots and

See LENNON, A4, Col. 1

Soviet issues ominous attack on Polish union

By Anthony Barbieri, Jr.
Moscow Bureau of The Sun

Moscow—The Soviet Union yesterday issued one of its most ominous statements on the crisis in Poland, charging that the Solidarity free trade union movement was being used as a front in a counter revolutionary struggle against public order in Poland.

The statement, by the official Tass news agency, came only days after the Kremlin and its Warsaw Pact allies seemed to have reassured Polish leaders that they had more time to restore Communist Party authority.

Thus the Soviet Union seems to be trying to keep Poland's restive workers, the Polish government and the Western powers off balance.

Yesterday's Tass statement adds another, more serious, charge to the required bill of particulars against Poland should one be needed to justify an invasion.

Tass quoted only "reports coming from various regions of Poland" as saying: "Counter revolutionary groups operating under the cover of local Solidarity sections turn to open confrontation with the local organizations of the Polish [Communist] Party and with the administration of some enterprises and institutions."

It said that at one industrial plant in the Polish city of Kielce, "so-called pro-

Officials try to hurt free union

By Hal Piper
Sun Staff Correspondent

Warsaw—Polish authorities are trying to shift public attention from the social and political issues raised in last summer's wave of strikes to the alleged counterrevolutionary threats posed from within the workers' movement.

Although the last strike ended nearly two weeks ago, the tenor of a series

Analysis

of recent official statements has been that the labor movement has been infiltrated by "extremists," "adventurers" and "counter revolutionary elements."

At the same time, while nearly every public statement continues to emphasize the need for social reform, se-

詞の過去分詞形で現在完了形にした文，“John Lennon slain”は be 動詞文の be 動詞を省略した電文体……きちんと英文法的に解説すればこのようになるのだろうが，この時のニュースに接した私にとっては，すべて「ジョン・レノンが殺された」という意味を表す報だった。完了形も受動態も補語も関係なく，とにかく「ジョン・レノン」という人がもうこの世にいないということを把握することが大事だったのだ。

このようにして私は英語を身に付けていった。誰がどうなったのか，そしてその結果何が起きたのか，ということを物語るのは，テレビのニュースレポーターの沈痛な表情や，ジョン・レノンが住んでいたニューヨークのマンションの前で涙を流す人々の映像であり，それらと共に語られるさまざまな文法的要素を含んだ文の言葉はその映像の中で起きていることを説明するための手段であって，構文の違いは問題ではなかった。人々が身の周りの状況を整理するためにある言語を使っている状況――「やまない雨が紙コップに注ぐように言葉が溢れ出る」ともいえるような環境――の中で，生活しながらその言語を身に付けるというのは，結局こういうことなのである。言語は理性と結び付けられることが多いが，その本質はもっと肝で感じるような感覚的なところに結び付いているのではないだろうか。

1980 年 12 月 8 日から 9 日にかけては，アメリカ東部時間の前夜遅くにジョン・レノンが射殺されたというニュースで，世界中が大騒ぎになっていたに違いない。もちろんラジオからはビートルズの曲やジョン・レノンの曲がたくさん流れていただろうし，テレビも特集を組んでいただろう。絶対に身の周りの状況としてあったはずのこれらのことを，残念ながら私は全く覚えていない。この時私がもう少し英語がわかったら，もう少し周りの状況を整理することができていたら――否，せめてもう少しビートルズの曲を知っていたら，そしてジョン・レノンという名前になじみがあったら，この時のことをもっときちんと記憶にとどめておくことができただろうと思う。せっかくこんなに大事な時にアメリカにいたのに，英語がわからなかったためにたったこれしか覚えていないということが，後にビートルズファンを自認するようになった私としては，非常に残念なのだ。

Exercises の答え

Exercise 1-1 (1) 11 (2) 9 または 10

Exercise 1-2 (1) 3 (2) 3 (3) 3 (4) 2

Exercise 1-3 (1) I'm (2) You're (3) It's (4) He's
(5) She's

Exercise 1-4 red と bed, および blue と you

Exercise 1-5 (1) Mail the whip. (2) Grip the Pope.
(3) Stop the sea. (4) Cook that pea.

Exercise 1-6 略

Exercise 2-1 略

Exercise 2-2 略

Exercise 2-3

	S (Who)	V	O (what)	adv (where / when)
(1)	I	saw	her	yesterday.
(2)	I	have	a pen	in my hand.
(3)	We all	live	—	in a yellow submarine.

Exercise 2-4 (1) me copy (2) to test (3) to practice

Exercise 2-5 (1) we sail (2) you chop
(3) I want to hold (4) you long to hear

Exercise 3-1 略

Exercise 3-2 略

Exercise 3-3 (1) Because the world is (hot), it [burns my heart].
(2) Because the swan is (white), it [makes me sad].
(3) Because the sun is (bright), it [blinds my eyes].
(4) Because the price is (low), I'll [buy more].

Exercise 3-4 略

Exercise 3-5 略

Exercise 3-6 名詞：glue, gold, blue, light（光）, lie, cry, hate, gate
形容詞：old, new, cold, gold, blue, light（軽い）, bright
＊色名は名詞であると同時に形容詞。

Exercise 4-1 （1）Shake, Twist, shout
（2）fly
（3）Remember, Don't forget
（4）don't be, don't you be

Exercise 4-2 Please please me, woh, year, like I please you.

Exercise 4-3 （1）you were （2）I'm

Exercise 4-4 解答例：
お願いだ，言ってくれ／君の彼氏にしてくれると
それと頼む，言ってくれ／君の手を握らせてくれると
さあ，君の手を握らせて
君と手をつなぎたいんだ

Exercise 5-1 略

Exercise 5-2 （1）where （2）what, what, what

Exercise 5-3 （1）Do you know where he went?
（2）Do you know when they start playing?
（3）Do you know how we got here?
（4）Do you know why he's tired?

Exercise 5-4 （1）how much （2）how much （3）how many

Exercise 5-5 （1）Baby, are you a rich man?
（2）Do I need you?
（3）Is happiness a warm gun?
（4）Does she love you?

(5) Is she a woman?

Exercise 5-6 (1) I don't want to spoil the party.
(2) I don't wanna be your man.
(3) I'm not a loser.
(4) I won't follow the sun. (I will not follow the sun.)
(5) You won't see me. (You will not see me.)

Exercise 6-1 略
Exercise 6-2 略
Exercise 6-3 (1) Molly is the (singer) (in) a band.
(2) Molly (sings) (in) a band.
Exercise 6-4 (1) Penny Lane is (in) my ears and (in) my eyes.
(2) I'm (in) love with her, and I feel fine.
(3) (with) love (from) me (to) you
(4) (under) the sea, (in) an octopus's garden (in) the shade
*under の代わりに beneath も同義。in の代わりに near（近く）など，実はいくつもの正解が考えられる。
Exercise 6-5 (1) Molly singing in the band
(2) Desmond buying a twenty-carat golden ring
(3) another woman watching Molly as she wears the ring
Exercise 6-6 略

Exercise 7-1 略
Exercise 7-2 略
Exercise 7-3 (1) if you (2) If you (3) if I don't
Exercise 7-4 (1) 副詞 (2) 補語（形容詞） (3) 副詞

Exercise 8-1 (1) I wanted to hold your hand.
(2) She said she loved you.
(3) I was so tired, I didn't want to walk anymore.

Exercise 8-2 (1) Give (me) (more).
Hey, hey, hey, give (me) (more).
(2) I give (her) all my (soup).
(3) Money can't buy (me) (love).

Exercise 8-3 (1) to know (2) to be

Exercise 8-4 (1) are (2) is (3) Is

Exercise 8-5 told, worked, started, told, didn't, crawled

Exercise 8-6 "(I) (work) in the morning. Do you?"
"No, (I) (don't)."

Exercise 8-7 (1) A (2) N (3) adv

Exercise 9-1 (1) may, will (2) must (3) must, will (4) will

Exercise 9-2 (1) I (had) to walk . . . (2) I (was) walking . . .
(3) I (had) walked . . .

Exercise 9-3 (1) 've seen（見たことがある）
've been（〜だったことがある）
've cried（泣いたことがある）
've tried（試みてきた）
＊どれも過去の経験を振り返っての表現。
(2) 3 行めの Lead, 最終行の Don't keep と Lead

Exercise 9-4 (1) leave (2) Leave (3) keep

Exercise 10-1 略

Exercise 10-2 (1) (What) (happened) yesterday?
(2) (What) will (happen) (tomorrow)?

(3)（Who）（telephoned）?　または
（Who）（called）?
(4)（Who）（came）?

Exercise 10-3　(9 つの［ai］の音はどれも強いアタックを伴っていたが，とりわけ激しいのは）realize, I, guy; lies, I, reply

Exercise 10-4　略

Exercise 10-5　略

Exercise 11-1　this boy（would）be happy just to . . .
That boy（won't）be happy till . . .
This boy（wouldn't）mind the pain
（Would）always feel the same

Exercise 11-2　(1) can't　(2) can't　(3) might

Exercise 11-3　略

Exercise 12-1　(1) yóu　(2) nót　(3) glád

Exercise 12-2　略

Exercise 12-3　"He hurt（me）so I almost lost（my）mind.
But now（I）know（he's）not the hurting kind."

Exercise 12-4　(1) with him　(2) with us　(3) with you
(4) with

Exercise 13-1　略

Exercise 13-2　略

Exercise 13-3　(1) something　(2) Nothing　(3) anything

Exercise 13-4　(1) to say　(2) thrown　(3) flying

Exercise 13-5　(1) 私の今の体重は以前の半分だ。
(2) ほほえんだ表情に，かつての彼の姿が見えた。(彼がほほえんだとき彼女には昔の面影が見えた。)

Exercise 13-6 略

Exercise 14-1 (1) be nice (2) be ambitious (3) be silly

Exercise 14-2 (1) If you take a bath, I'll tax your soap.
(2) If you go to sleep, I'll tax your dream.
(3) If your children play, I'll tax their games.
(4) If you try to breathe, I'll tax the air.
(5) If you run from me, I'll tax your legs, and
(6) if you get too smart, I'll tax your head.

Exercise 14-3 (1) Tell me (what) (you) (see).
(2) What you see (is) (me).
(3) Do (what) you want to do. Go (where) you're going to.

Exercise 14-4 (1) nobody または no one (2) Nothing
(3) Nobody または No one (4) nothing

Exercise 15-1

強	弱	弱	強	弱	弱
SOME-	bo-	dy	CALLS	you	you
AN-	swer	quite	SLOW-	ly	a
GIRL	with	ka-	LEI-	do	scope
EYES	—	—.			

Exercise 15-2 (1) by (2) fixing (3) that (4) with

Exercise 15-3 (1) Who, who (2) Who, who (3) Where, where

英語文の成り立ち

——オルターナティブな文法理解に向けて——

I 「文型」から「連結の型」へ

・英文法の基礎として，５文型——SV，SVO，SVC，SVOO，SVOC——を教える伝統がありますが，本教材では，一歩踏み込んで，英語文の構造を，構成要素間の接合パターンに注目して分類しています。

基本的な考え方

★すべての叙述文は，S-V の構造を持つ。

★V は（多くの場合）後続部（X）と合体して意味をつくる。

★すべての叙述文は，S-V-X ＋ α の形式にまとめられる。α は V から独立した副詞要素。

S	**V**	**X**	**α**
It	rained		yesterday.
	雨が降った		昨日
Tom	does	very well	at school.
トム	やっている	大変よく	学校で
	（「学校の成績がよい」ことをこのように表現する。）		
You	don’t know	what you’ve got	until you lose it.
（人は）	わからない	何を得ているか	それを失うまでは

S-V……主述の関係。基本的にすべての文を構造づける。

S	V	
Something strange	will happen.	妙なことが起こるだろう。
What you believe	doesn't matter.	君が何を信じるかは問題でない。

V-X……動詞とそれに続くもの

＊V は［時制・助動詞・本動詞とその変形］を含む。

＊V と X の境界は恣意的なもので，V と X を含めて「動詞句」という場合もある。

S	V	X
You	must not forget	to eat your lunch.
	昼食を食べるのを忘れてはいけない。	
Trees	are beginning to turn	yellow.
	木々が黄色く色づき始めている。	
I	nearly died.	もう少しで死ぬところだった。
	＊X をとらない動詞を自動詞と呼ぶ	

★**V-X** は，より具体的には次のように大別される。

❶V-O（O ＝ object は名詞的対象，「目的語」と呼ばれる）

have – no umbrellas	傘がない
want – to hold your hand	君の手を握りたい
remember – seeing you	君を見かけたのを覚えている
love – everything that you do	君のすることが全部好き
hate – what he said to me	彼に言われたことがウザい

＊O の位置に収める代名詞は「目的格」に変わる

I → me; she → her; he → him; we → us; they → them

❷V-O-O，V-O-to V

＊VO の伸張形。「誰に」の情報が V の直後に組み込まれる。

will give – you – anything	君に何でもあげよう
Tell – me – that it's true.	本当だと言ってくれ。
asked – me – to stay overnight	泊まっていかないかと俺に聞いた

❸V-{nexus}

＊V-O の発展形。ある種の動詞は主述関係をなす句（ネクサス）を対象とする。

Make – {it – simple}.	簡潔に言え（やれ）。
Let – {that poor man – go}.	その哀れな奴を放してやれ。
saw – {her – standing there}	彼女がそこに立っているのを見た

＊ネクサスは主述関係を持つが，以下の二点で文と構造的に異なる。

①V（時制を伴う動詞句）を含まない。動詞は原形のまま。

②「である」の意味の be 動詞は欠落する。

❹V-C

＊V-O の応用形。作用や変化の結果を形容詞のまま動詞につなぐ。

＊動詞に直結する非名詞的成分を「補語 C」とする。

become – happy	幸せになる
get – ready	準備する
tested – positive（– for coronavirus）	陽性の結果が出た

❺be-C

This is Stella.　She is really nice.　We've been friends for long.

＊be 動詞は名詞や形容詞を主語とイコール関係で結ぶ。日本語（こちらステラ。とても素敵な女性です。私たちの付き合いは長い。）では動詞が使われないことに注意。

❻V（be）-〈where〉

＊be 動詞は「ある，いる」の意味で場所を示す前置詞句につながる。

Stella is in a hospital.　ステラは病院にいる。

前置詞句＝ prep ＋ N

＊in, on, at, to, up, down, by, along, through, in front of などの「空間詞」が名詞について位置，方向，状態を示す。

She came in through the bathroom window.

彼女はバスルームの窓から入ってきた。

I'm in love with her.　僕は彼女に恋をしている。

＊get, stay, come, go など場所や移動に関わる動詞が同様にふるまう。

Come here.　Get there.　Stay close.　Go home.

★動詞とどのようにつながるかで，フレーズの品詞が決まる。

S-V で動詞とつながる S は名詞である。

V-O で動詞とつながる O は名詞である。

V-C で動詞とつながる C は非名詞（副詞／形容詞）である。

S-V-X 以外の要素（α）は副詞である。

N-A……名詞句の構成

☆名詞句は名詞，限定詞，形容詞からなる。

☆限定詞（determiner）は名詞句の頭にあって，特定／不定の別（the / a / this / that / any）の他，所有者（my / your），数量（some / much / a little / one）などを示す。

☆シングル・ワードとして認識される形容詞（adjective）は主に A-N，長い句と感じられるものは N-A の形をとる。

several young girls waiting in line.　列に並んで待っている数人の少女たち

det　A　N　A

any other thing you'd like to say　　何でも他にあなたが言いたいこと
det　A　N　A

V……動詞句本体の構成

☆V は助動詞，本動詞，分詞より構成される。

S	**V**	**X**	
Dad	used to smoke.		以前父は喫煙していた。
You	are losing	that girl.	今にも彼女は君から離れていく。
I	may have been	wrong.	僕の発言は間違いだったかも。
I	wish	I could.	それができたらいいんだが。

＊used to smoke は［動詞ー不定詞］から［助動詞ー動詞］に転じたと見なす。

☆V は，法と時制と人称変化を含む。

法（mood）：直説法／命令法／仮定法の別

時制（tense）：現在／過去の別

人称変化：英語では本動詞の三人称単数現在のみ変化

＊助動詞は本動詞に先行し，法と時制を受け持つ

☆分詞は，助動詞 be や have と一緒に V を構成する。

現在分詞（例：losing）は be と共に動詞の「進行形」を

過去分詞（例：lost）は have と共に動詞の「完了形」をなす。

また，be と共に受け身の文をつくる。

＊形式上，have や be を V と見なすこともできる。

S	**V**	**X**
He	has	left me.
I	am	losing him.
I	am	lost.

II　節と句

sentence ＞ clause ＞ phrase ＞ word

☆「発話 speech」は「文 sentence」に区切れ，文は「節 clause」に分かれ，文／節は「句 phrase」から，句は「語 word」からなる。

＊節は本質的に文と同じで SV 構造がある。句にそれはない。

＊「ネクサス」は句だが，意味上の主述関係を持つ。

☆対話英語では，相互の了解事項が多いので，形式的に不完全な文も，完全に通用する。

1 語の文：Hungry?　お腹は？　　Very.　とても（空いた）。

1 句の文：Any idea?　何か案は？　　Just a moment.　ちょっと待って。

1 節の文：If you don’t mind.　お嫌でなければ。

clause……その配置と品詞

○文のまま　She loves you and I love her.

＊and, so, for, or, but, still, yet などは節を並置する接続詞。

○副詞節

adv	S	V	
If you want me to,	I	will.	君が望むなら，僕はする。

○名詞節

S	V	O	
I	can’t hear	what you say.	君の言うことが聞こえない。

○関係節

N	A	
the singer	who also danced	踊りも踊ったシンガー
the town	where I was born	僕の生まれた町

phrase……その配置と品詞

☆to 不定詞や分詞は V 本体から離れると，動詞以外の品詞になる。

	N（名詞句）	**A**（形容詞句）	**Adv**（副詞句）
前置詞句	—	a song for you; a dream of falling in love	do it with pleasure; with you by my side
to V	I want to eat it.	an ideal man to ask help from[(1)]	happy to see you; went to see the movie
V-ing	Running is fun.	a running cost	came running to me
V-ed	the oppressed[(2)]	a house burned down	stood there surprised[(3)]

(1)「依頼するのに理想的な男」

(2)「抑圧された者」 定冠詞つきの形容詞で人々の集合を意味する用法。

(3) surprised は looking surprised とも言い換えられ，補語の形容詞ともいえる。副詞と形容詞とを分かちがたい領域がある。

Vp（動詞句）……そのしなやかさ

☆Vp は V（助動詞，分詞を含む）に不定詞，副詞，時に目的語や補語を含めた意味のまとまりで，「述語 predicate」とも呼ばれる。

☆動詞句は，現在／過去，能動／受動の情報の他，分詞や不定詞が「時の 3 態」のあり様を複合的に示す。

○受け身の文：行為や作用を表す動詞の過去分詞は，「された」状態や結果を示す。

能動	受動
The snake is swallowing me.	I'm being swallowed by the snake.
They've taken the money.	The money has been taken.

○時の３態――be promoted（昇進する）を例に

He is soon to be promoted.	未然：実現前
He is being promoted.	進行：過程の最中
He has been promoted.	完了：過程の終了

＊実際には，さまざまな要素の複合の上に慣用的な意味が成立。

I'm to meet him there.	そこで彼と会うことになっている。
I'm going to meet him now.	これから会うところだ。
I had to meet him.	会わなくてはならなかったんだ。
I was told to take charge.	私の担当だと言われた。
I'm meeting him at noon.	彼とは 12 時に合う。
The meeting will be held upstairs.	会談は上階で行われる。
I'll be facing him in a few minutes.	数分で彼と対面する。
I won't compromise.	妥協はするまい。
The time has come.	その時が来た。
His talking has begun.	彼のしゃべりが始まった。
He is ranting.	わめきちらしている。
It has been going on for 30 minutes.	もう 30 分も続いている。
He cannot be interrupted.	彼に言葉を挟むのは無理だ。
He's done, at last.	終わった，ようやく。

＊He's done ＝ He is done.　終わった状態にある＝ He has done it all.

I haven't been able to say a word.	私は一言も言えなかった。
I've never known a man like this.	こんな男がいるとは知らなかった。
My day's work is finished.	今日の仕事は終わった。
I guess I'm finished, too.	これで私も終わりだろう。

使用楽曲著作権許諾一覧

Session 1 (p.11) ALL TOGETHER NOW

John Lennon / Paul McCartney

Session 1 (p.18) BIRTHDAY

John Lennon / Paul McCartney

Session 2 (p.21) DO YOU WANT TO KNOW A SECRET

John Lennon / Paul McCartney

Session 3 (pp.32-33) GOOD NIGHT

John Lennon / Paul McCartney

Session 3 (p.35) BECAUSE

John Lennon / Paul McCartney

Session 4 (p.43, p.51) ALL MY LOVING

John Lennon / Paul McCartney

Session 4 (p.46) PLEASE PLEASE ME

Words & Music by JOHN LENNON / PAUL MCCARTNEY

Session 5 (p.50) I WANT TO HOLD YOUR HAND

John Lennon / Paul McCartney

Session 5 (p.53) HELLO GOODBYE

John Lennon / Paul McCartney

Session 5 (p.55) TELL ME WHAT YOU SEE

John Lennon / Paul McCartney

Session 5 (p.59) LOVE ME DO

John Lennon / Paul McCartney

Session 6 (p.69, p.74) OB-LA-DI OB-LA-DA

John Lennon / Paul McCartney

Session 7 (p.80, p.84) YOU'RE GOING TO LOSE THAT GIRL

John Lennon / Paul McCartney

Session 7 (p.89) WHEN I'M 64
John Lennon / Paul McCartney

Session 8 (p.92, p.99) NORWEGIAN WOOD
John Lennon / Paul McCartney

Session 9 (p.105) I'LL FOLLOW THE SUN
John Lennon / Paul McCartney

Session 9 (p.113) THE LONG AND WINDING ROAD
John Lennon / Paul McCartney

Session 10 (p.119, p.126) NO REPLY
John Lennon / Paul McCartney

Session 11 (p.137) IF I FELL // HARD DAYS NIGHT A
John Lennon / Paul McCartney

Publishing LLC., 424 Church Street, Suite 1200, Nashville, TN 37219. All rights reserved. Used by permission.
The rights for Japan licensed to Sony Music Publishing (Japan) Inc.

Session 11 (p.141) THIS BOY
John Lennon / Paul McCartney
©1963, 1964 Sony / ATV Music Publishing LLC. All rights administered by Sony / ATV Music Publishing LLC., 424 Church Street, Suite 1200, Nashville, TN 37219. All rights reserved. Used by permission.
The rights for Japan licensed to Sony Music Publishing (Japan) Inc.

Session 11 (p.144) I SHOULD HAVE KNOWN BETTER
John Lennon / Paul McCartney
©1964 Sony / ATV Music Publishing LLC. All rights administered by Sony / ATV Music Publishing LLC., 424 Church Street, Suite 1200, Nashville, TN 37219. All rights reserved. Used by permission.
The rights for Japan licensed to Sony Music Publishing (Japan) Inc.

Session 12 (pp.148-149, p.152) SHE LOVES YOU // HARD DAYS NIGHT
John Lennon / Paul McCartney
©1963 Sony / ATV Music Publishing LLC. All rights administered by Sony / ATV Music Publishing LLC., 424 Church Street, Suite 1200, Nashville, TN 37219. All rights reserved. Used by permission.
The rights for Japan licensed to Sony Music Publishing (Japan) Inc.

Session 13 (p.158) YESTERDAY
John Lennon / Paul McCartney
©1965 Sony / ATV Music Publishing LLC. All rights administered by Sony / ATV Music Publishing LLC., 424 Church Street, Suite 1200, Nashville, TN 37219. All rights reserved. Used by permission.
The rights for Japan licensed to Sony Music Publishing (Japan) Inc.

Session 14 (p.170, p.175) TAXMAN
George Harrison
©1966 Sony / ATV Tunes LLC (Renewed). All rights administered by Sony / ATV Music Publishing LLC., 424 Church Street, Suite 1200, Nashville, TN 37219. All rights reserved. Used by permission.
The rights for Japan licensed to Sony Music Publishing (Japan) Inc.

Session 15 (p.181) LUCY IN THE SKY WITH DIAMONDS
John Lennon / Paul McCartney
©1967 Sony / ATV Music Publishing LLC. All rights administered by Sony / ATV Music Publishing LLC., 424 Church Street, Suite 1200, Nashville, TN 37219. All rights reserved. Used

Session 15 (p.187) YELLOW SUBMARINE

John Lennon / Paul McCartney

分担執筆者紹介

大橋　理枝（おおはし・りえ）

1970年　京都生まれ，東京育ち
2000年　ミシガン州立大学コミュニケーション学科博士課程修了
(Ph.D. in Communication)
2001年　東京大学大学院総合文化研究科言語情報科学専攻博士課程
単位取得満期退学，助教授として放送大学勤務
現在　放送大学教授
専攻　異文化間コミュニケーション

〈主な論文・著書〉

『音を追究する』(共著，放送大学教育振興会，2016)
『色と形を探究する』(共著，放送大学教育振興会，2017)
『異言語との出会い―言語を通して自他を知る―』(共著，放送大学教育振興会，2017)
『耳から学ぶ英語』(共著，放送大学教育振興会，2018)
『コミュニケーション学入門』(共著，放送大学教育振興会，2019)
『英語で「道」を語る』(共著，放送大学教育振興会，2020)
「小学校・中学校の国語科指導要領にみる学びの型：平成20年版と平成29年版の項目対応を踏まえて」『放送大学研究年報』第36号，113-126 (2018)

中野　学而（なかの・がくじ）

1972年　福岡生まれ，福岡育ち
2006年　東京大学大学院人文社会系研究科欧米文化研究専攻英語英米文学専門分野博士課程
単位取得満期退学，東京女子大学講師
2015年　中央大学准教授，現在に至る
現在　中央大学准教授
専攻　アメリカ文学

〈主な著書・論文・訳書〉

『アメリカ文学のアリーナ——ロマンス・大衆・文学史』（共著，松柏社，2012年）

『アメリカ文学入門』（共著，三修社，2013年）

『教室の英文学』（共著，研究者，2017年）

『フォークナーと日本文学』（共著，松柏社，2019年）

「〈故郷〉から遠く離れて：『グレート・ギャツビー』における血縁，友愛，アメリカの〈個人〉」『英米文学評論』60号（2014年）．17-54.

「耐えなくちゃいけないのは，おまえじゃないんだものね——響きと怒りと甘え」『フォークナー』第18号（2016年）．23-42.

訳書『イルストラード』ミゲル・シフーコ著（白水社，2011年）

編著者紹介

佐藤　良明（さとう・よしあき）

1950年	山梨県生まれ，群馬県育ち
1979年	東京大学大学院人文科学研究科英語英文学専攻博士課程中退
1980-82年	ニューヨーク州立大学バッファロー校，カリフォルニア大学バークレー校客員研究員
1983-90年	東京外国語大学専任講師・助教授
1990-07年	東京大学助教授・教授
2006-09年	NHK テレビ『ジュークボックス英会話』『リトル・チャロ』の制作／講師
2015-18年	放送大学教授
現在	東京大学名誉教授・放送大学客員教授

〈主な著書・編著・訳書〉

『ビートルズとは何だったのか』（みすず書房，2005）
『ニッポンのうたはどう変わったか』（平凡社ライブラリー，2019）
『アメリカの芸術と文化』（共著，放送大学教育振興会，2019）
『The American Universe of English―アメリカの心と交わるリーディング』（共編，東京大学出版会，2010）
トマス・ピンチョン『重力の虹』（翻訳，新潮社，2014）
ボブ・ディラン『Lyrics 1961-1973』『Lyrics 1974-2012』（翻訳，岩波書店，2020）
トマス・ピンチョン『ブリーディング・エッジ』（共訳，新潮社，2021）

放送大学教材　1420135-1-2111（ラジオ）

ビートルズ de 英文法

発　行　　2021年3月20日　第1刷
　　　　　2021年7月20日　第2刷
編著者　　佐藤良明
発行所　　一般財団法人　放送大学教育振興会
　　　　　〒105-0001　東京都港区虎ノ門1-14-1　郵政福祉琴平ビル
　　　　　電話　03（3502）2750

市販用は放送大学教材と同じ内容です。定価はカバーに表示してあります。
落丁本・乱丁本はお取り替えいたします。

Printed in Japan　ISBN978-4-595-32289-1　C1382